W9-AUY-711

yogures,
smoothies
helados

REFRESCANTES SORBITOS

LIBSA

FAIRMONT BRANCH LIBRARY
4330 Fairmont Pkwy.
Pasadena, TX 77504-3306

yogures,
& smoothies
helados

REFRESCANTES SORBITOS

Carmen Fernández

LIBSA

© 2013, Editorial LIBSA
C/ San Rafael, 4
28108 Alcobendas (Madrid)
Tel.: 91 657 25 80
Fax: 91 657 25 83
e-mail:libsa@libsa.es
www.libsa.es

COLABORACIÓN EN TEXTOS:
Carmen Fernández y equipo editorial Libsa
EDICIÓN: equipo editorial Libsa
DISEÑO DE CUBIERTA: equipo de diseño Libsa
MAQUETACIÓN: equipo de maquetación Libsa
ILUSTRACIONES: Photos.com, Shutterstock Images, 123RF
y archivo Libsa

ISBN: 978-84-662-2490-1

Queda prohibida, salvo excepción prevista en la Ley, cualquier forma de
reproducción, distribución, comunicación pública y transformación de
esta obra sin contar con autorización de los titulares de la propiedad
intelectual. La infracción de los derechos mencionados puede ser
constitutiva de delito contra la propiedad intelectual (arts. 270 y sgts.
Código Penal). El Centro Español de Derechos Reprográficos vela por el
respeto de los citados derechos.

DL: M 19200-2012

Contenido

Introducción

SOLO CON OÍR SU NOMBRE O AL VISUALIZARLOS EN NUESTRA MENTE, HACEN QUE NUESTRAS PAPILAS GUSTATIVAS SE ESTREMEZCAN DELEITÁNDOSE CON UN SABOR IMAGINARIO. ¿QUIÉN SE RESISTE A CAER EN LA TENTACIÓN DE DEGUSTAR CUALQUIERA DE ESTAS DELICIAS FRÍAS O HELADAS? ESPUMAS TAN SUAVES COMO SU NOMBRE, MOUSSES ENVOLVENTES, BATIDOS QUE LEVANTAN EL ÁNIMO MÁS DECAÍDO, YOGURES HELADOS QUE NOS DEVUELVEN EL SABOR DE LO AUTÉNTICO, INTENSOS SMOOTHIES QUE NOS TRASPORTAN A PAÍSES TROPICALES O AL INTERIOR DEL BOSQUE EN BUSCA DE FRUTOS SILVESTRES, HELADOS PARA TODOS LOS GUSTOS, DESDE UN SENCILLO POLO A UNA SOFISTICADA BOMBA FRÍA O UN REFRESCANTE SORBETE.

Elaborados de manera artesanal, tal como lo hacían nuestras abuelas, con recetas que vienen del Lejano Oriente, la Grecia clásica, el mismísimo Marco Polo, la tradicional Italia, la rica gastronomía tropical o la moda saludable que se implantó en California en los años sesenta. Con más o menos calorías, para que todos podamos disfrutar de ellos, son muy fáciles de preparar.

No hace falta que suban las temperaturas para poder disfrutar de alguna de estas delicias. Cualquier momento y mes del año son buenos para rendirnos a la tentación. Sorbo a sorbo, cucharada a cucharada, merecen un capítulo aparte dentro de las exquisiteces gastronómicas. ¿Hacen falta más argumentos para preparar y degustar cualquiera de estas delicias frías?

YOGUR

Gracias a sus beneficiosas bacterias, excelentes para el sistema inmunológico, el yogur es un producto fundamental en la alimentación del ser humano desde hace siglos. De hecho, muchos expertos creen que fue conocido mucho antes que la agricultura.

Elaborado y consumido desde hace siglos, el nombre del yogur tiene su origen en una palabra búlgara, *jaurt*. Fueron los habitantes de los Balcanes y Asia Menor quienes primero descubrieron cómo se elaboraba este manjar lácteo (las tribus nómadas descubrieron que la leche se convertía en una masa semisólida al transportarla en sacos de piel de cabra porque el calor y el contacto de la leche con la piel fomentaban su fermentación mediante la acción de bacterias ácidas) y, al mismo tiempo, apreciaron sus propiedades nutritivas.

La facilidad de su transporte, conservación y sus propiedades nutritivas convirtieron al yogur en un alimento esencial para estos pueblos, hasta el punto de que algunos historiadores dicen que Gengis Khan obligaba a sus tropas a tomarlo para fortalecerse y tener una salud estupenda.

Pronto se empezó a conocer el yogur en otras partes del mundo, incorporándose a la cocina de numerosas civilizaciones. Los griegos lo utilizaban para curar problemas de estómago e intestinales, y en la India era conocido como *dahi*, un alimento que se atribuía a los dioses.

Sin embargo, a pesar de sus múltiples propiedades nutritivas, el yogur no se convirtió en un alimento popular hasta el siglo XX. Fue el biólogo ruso Mechnikov, premio Nobel en 1908, quien, gracias a su teoría de que el consumo de yogur era el responsable de la longevidad de los campesinos búlgaros, lo convertiría en un alimento esencial para la salud.

Cómo se elabora

Obtenido con la fermentación bacteriana de la leche (mediante el *lactobacillus bulgaricus* y el *spreptococcus thermophillus*), el yogur es un producto lácteo que se elabora con leche de vaca, cabra y oveja (incluso búfala en la India), entera, parcial o totalmente descremada, o con nata añadida (como en el caso del yogur griego), previamente hervida o pasteurizada, y a la que se le puede añadir fruta, chocolate, muesli, vainilla y otros saborizantes.

Un alimento imprescindible

Nutricionalmente, el yogur es rico en proteínas procedentes de la leche. Además, en el proceso de fermentación los microorganismos producen vitaminas del grupo B necesarias para su metabolismo, aunque reducen el contenido de algunas ya presentes en la leche como la vitamina B12 y vitamina C. Contiene también fósforo, potasio, magnesio, zinc, yodo y, sobre todo, calcio, por lo que resulta un aliado imprescindible para fortalecer y dar salud a los huesos y los dientes.

Por otro lado, la acción que ejerce sobre el sistema digestivo convierte al yogur en una auténtica defensa natural contra todo tipo de infecciones y enfermedades. Además, disminuye el colesterol, permite absorber las grasas más fácilmente y equilibra el intestino, controlando la diarrea y el estreñimiento. También reduce los efectos negativos de los antibióticos y protege el estómago de la erosión que producen ciertos medicamentos.

Y por si todos estos beneficios fueran pocos, en sus variedades desnatadas no engorda, por lo que es recomendable en todas las dietas de adelgazamiento, pues aporta energía y nutrientes básicos, pero muy pocas calorías.

En la cocina

Culinariamente, el yogur es mucho más que un simple postre o tentempié, además de ser una estupenda opción para empezar bien el día tomándolo en el desayuno pues, si bien resulta delicioso solo o con frutos secos, miel, azúcar, fruta, cereales o mermelada, también podemos utilizarlo como ingrediente de bizcochos, tartas, helados, postres y numerosas salsas y cremas. El límite es nuestra imaginación a la hora de combinar otros alimentos con el delicioso y ancestral yogur.

SMOOTHIES

Un smoothie es una bebida cremosa preparada, generalmente, a base de trozos y zumos de fruta, concentrados o congelados, que pueden estar mezclados con lácteos, hielo o helado. Tiene una consistencia algo densa, parecida a la de un batido pero un poco más espesa. Tradicionalmente, en Estados Unidos el smoothie se consumía mezclado con hielo picado, por lo que era parecido a un granizado natural pero más cremoso, de ahí su nombre.

De origen tropical (en los países tropicales de Sudamérica es habitual tomar mezclas de fruta fresca batida), en los años sesenta se puso de moda en Estados Unidos, concretamente en California, junto al *boom* de los gimnasios y las bebidas energéticas y bajas en calorías y grasas. Los smoothies se convirtieron en una alternativa energética, natural y vitamínica a los refrescos.

Cien por cien naturales

Para la elaboración de un buen smoothie es primordial elegir frutas y verduras de calidad, preferiblemente de temporada. Cuanto más madura sea la fruta, más dulce será el sabor del smoothie. Conviene vigilar que la fruta no tenga golpes y que no haya empezado a ponerse mala. También podemos partirla en trocitos y congelarla para tenerla siempre a punto cuando queramos preparar un smoothie.

Una opción que cada día gana más adeptos son los *green smoothies*, mezcla de verduras y frutas. En su elaboración se emplea, normalmente, 60% de fruta y 40% de verdura.

Salud y belleza

Ricos en vitaminas, minerales y fibra, los smoothies son auténticas minas de antioxidantes que, además de ponernos guapos, previenen el envejecimiento y mejoran el estado de ánimo. Y al contener una cantidad importante de agua, son un excelente hidratante. Además, las frutas y verduras nos protegen de algunos tipos de cáncer, enfermedades cardiovasculares, ictus cerebral, diabetes, síndrome metabólico, osteoporosis o artritis.

Trucos que no fallan

- El secreto de un buen smoothie es que esté bien frío. Si es necesario, podemos preparar hielo picado antes de comenzar su elaboración, teniendo en cuenta que se deben tomar a ser posible recién hechos.

- Si el smoothie ha quedado demasiado denso, podemos rebajarlo con agua fría. En caso de que esté muy líquido, lo haremos más denso añadiéndole yogur o tofu cremoso.

- Aunque para preparar los smoothies podemos experimentar con diferentes frutas y verduras, no conviene usar demasiados ingredientes porque pueden enmascararse los sabores.

HELADOS

Nutritivos y energéticos, los helados han pasado de ser un producto típicamente veraniego a una delicia fría que se puede disfrutar durante todo el año, eso sí, siempre que los comamos con moderación, pues aunque no engordan tanto como se cree, su valor energético es medio: aproximadamente, entre 150 y 300 calorías por cada 100 g. Además, también podemos disfrutar de un riquísimo helado de hielo, conocido popularmente como «polo». Tiene menos calorías que el helado tradicional, pero su valor nutritivo también es menor.

Un postre milenario
Antiguamente, el helado era un manjar de reyes y su consumo estaba reservado a los más privilegiados, que guardaban de forma celosa las fórmulas de su preparación.

En su origen, se basaba en la mezcla de hielo con fruta natural o zumo. Más tarde, se añadió la leche y otros productos, como cacao, café y frutos secos.

Helados de crema y leche
Se elaboran a partir de crema o nata, leche entera o desnatada y grasa no láctea de origen animal o vegetal. El *biscuit glacé* es un batido de yemas con

aroma, al que se añade un almíbar. Cuando están bien emulsionados, se agrega la nata semimontada y, en algunos casos, claras a punto de nieve, distintos licores y aromas. Una vez elaborado, se vierte la crema en moldes y se guarda en el congelador. No precisa heladora, ya que no cristaliza al congelarse. Se sirve solo o con una salsa de chocolate caliente.

comparan con los helados de crema o leche (de 200 a 250 calorías por 100 ml), cuyo contenido en agua es del 50-60%.

Helados de hielo

Dentro de esta clasificación se encuentran los polos, sorbetes y granizados. Este tipo de helado se prepara con zumos o pulpa de frutas naturales y un almíbar, pero su ingrediente principal es el agua (constituye el 85-90% de su composición), por lo que poseen un escaso aporte calórico (alrededor de 70 calorías por 100 ml) si se

Los polos (paletas, *ice pops*, helados de agua…) son los helados de hielo más tradicionales. Aunque en su origen Polo fue una marca registrada, ha terminado siendo la descripción de esta variedad de helados que suelen elaborarse con zumos de fruta, aguas saborizadas, colorantes y azúcar. Se hace congelando el líquido alrededor de un palito de manera similar a una piruleta. También hay polos elaborados a base de leche, los cuales por lo general van cubiertos por una capa de *fudge* o cobertura de chocolate y en ocasiones llevan algún relleno, que puede ser de leche condensada o algún sirope.

Los sorbetes fueron los primeros postres helados y son de origen chino. Los chinos enseñaron a los persas y árabes y, finalmente, estos últimos los dieron a conocer al mundo cristiano. Son helados de agua de textura suave elaborados con un almíbar de azúcar más zumo de fruta o puré de fruta y mezclado con merengue o con claras de huevo batidas. A veces también se les añade licor para darles más sabor. Los sorbetes se suelen comer como postre, pero también se sirven como «refresco» entre platos para limpiar el paladar.

Los granizados son un tipo de helados de agua que se consumen en estado semisólido. Su aspecto es granulado y tienen un sabor intenso a zumos de frutas, fruta licuada, licores o infusiones. Son refrescantes y fáciles de preparar. El azúcar que llevan, además de aportar sabor, evita que la congelación sea demasiado rápida y que la mezcla se convierta en un bloque de hielo (la proporción óptima es 100 g de azúcar por cada litro de agua o zumo). El procedimiento para realizar el granizado consiste en preparar un almíbar no muy espeso que se mezcla con el zumo de frutas, el café o el té, y se procede a llevar al punto de congelación; luego se tritura antes de servir en copas altas. El hielo debe estar desmenuzado y se deben notar sus cristales y su consistencia debe ser menor que la de los sorbetes.

Postres helados

El suflé helado consiste básicamente en un suflé dulce no cocido. No se emplea gelatina para cuajarlo y se congela hasta que está firme, aunque la mezcla mantiene una textura sutil y ligera que casa perfectamente con el sabor de las frutas.

El semifrío o *semifreddo* es un tipo de postre semihelado (tartas heladas, cremas y tartaletas de fruta), que tiene la textura de una espuma helada porque normalmente se elabora uniendo dos partes iguales de helado y nata montada. El *Basked Alaska*, conocido también como «Tortilla noruega» o «Tortilla sorpresa», o en francés como *Glace au four* o *Omelette à la norvégienne*, es un postre hecho a base de helado que se coloca en un molde que contiene láminas de pastel o pudín de Navidad y va cubierto de merengue.

Su nombre fue acuñado en el restaurante Delmonico's de Nueva York en honor al territorio estadounidense, que había sido adquirido recientemente.

El helado frito es un postre que suele elaborarse rebozando una bola de helado en huevo crudo, copos de maíz o galletas trituradas y friéndola ligeramente. Puede espolvorearse con canela molida o azúcar glas o cubierto de crema batida o miel.

El café de Lieja es un postre helado hecho de café ligeramente endulzado, helado de café y crema chantillí. Para elaborarlo se refrigera un vaso o copa grande de cristal con la cantidad adecuada de café endulzado, añadiendo el helado y la crema chantillí justo antes de servir. A menudo se espolvorean encima granos de café tostado machacados, como decoración.

El *zuccotto* es un dulce italiano semifrío parecido a la *zuppa* inglesa o la *cassata*. Se elabora con forma de bóveda, usando bizcocho o «soletillas» mojadas en ron o algún otro licor de alta graduación. Se añade una capa gruesa de nata montada, aromatizada con vainilla o chocolate, fruta confitada, frutos secos o nueces, y se cubre con otra capa de bizcocho.

YOGUR,
UN MANJAR LÁCTEO

POR SU EXQUISITO SABOR, EL YOGUR NO SOLO RESULTA DELICIOSO COMO POSTRE, SOLO O CON AZÚCAR, MERMELADA, MIEL, CHOCOLATE, MUESLI O FRUTAS, AL NATURAL O HELADO, SINO TAMBIÉN COMO INGREDIENTE IMPRESCINDIBLE DE NUMEROSAS SALSAS, ADOBOS O ALIÑOS Y, DESDE LUEGO, COMO BEBIDA REFRESCANTE.

AROMA DEL BOSQUE

UNIDADES: 4 · TIEMPO DE ELABORACIÓN: 8 MINUTOS · DIFICULTAD: BAJA

INGREDIENTES

250 g de fresas

Una tarrina de arándanos azules

4 yogures de fresa

Una taza de muesli (25 g por comensal)

Frutas deshidratadas

100 g de azúcar

VALOR ENERGÉTICO

Calorías: 394 kcal

Proteínas: 15,4 g

Grasas: 5,85 g

Hidratos de carbono: 66 g

elaboración

Lavamos y secamos con cuidado las fresas, eliminando también las hojitas. Troceamos las fresas. Lavamos y secamos los arándanos.

En un bol mezclamos los yogures con las fresas, los arándanos, el muesli y las frutas deshidratadas. Endulzamos con el azúcar al gusto. Repartimos en vasos o copas individuales. Servimos muy frío.

dato nutricional

Aunque todos los arándanos son muy ricos en vitamina C, los azules, negros o americanos, de color negro azulado y de un tamaño superior (6,5-12,5 mm de diámetro) respecto al arándano común tienen más cantidad de dicha vitamina.

SUGERENCIA DE CONSUMO

Si queremos reducir el contenido calórico de este postre, en lugar de azúcar lo endulzaremos con edulcorante. Además, utilizaremos muesli integral y sin azúcar. El resultado será igual de delicioso.

COCO CON SORPRESA

UNIDADES: 4 · TIEMPO DE ELABORACIÓN: 5 MINUTOS ·

DIFICULTAD: BAJA

INGREDIENTES

150 g de uchuvas

4 yogures de coco

Canela en polvo

Hojitas de menta

VALOR ENERGÉTICO

Calorías: 135,25 kcal

Proteínas: 6,24 g

Grasas: 3,89 g

Hidratos de carbono: 20,1 g

elaboración

Eliminamos las hojitas de las uchuvas, y las lavamos y pelamos con mucho cuidado. Partimos en trocitos. Repartimos los yogures de coco en vasos individuales y ponemos encima las uchuvas troceadas.

Aderezamos con un poquito de canela en polvo. Decoramos con unas hojitas de menta y servimos bien frío.

dato nutricional

La uchuva, fruta oriunda de los Andes, es muy apreciada por sus propiedades terapéuticas. Sus hojas y el fruto se utilizan en la industria farmacéutica. Es ideal para los diabéticos y también como tranquilizante por su contenido en flavonoides.

SUGERENCIA DE CONSUMO

Nada más fácil que elaborar un delicioso yogur de coco casero. Tan solo tenemos que añadir coco rallado (125 g para un litro de leche y un yogur natural), que encontraremos en tiendas de alimentación ya preparado y listo para ser usado en la cocina.

CON UN TOQUE DE CANELA

UNIDADES: 4 · TIEMPO DE ELABORACIÓN: 5 MINUTOS · DIFICULTAD: BAJA

INGREDIENTES

4 yogures naturales

100 g de azúcar

Una taza de muesli (25 g por comensal)

Frutas deshidratadas

Canela en polvo y en rama

VALOR ENERGÉTICO

Calorías: 297 kcal

Proteínas: 7,11 g

Grasas: 5,56 g

Hidratos de carbono: 60,71 g

elaboración

Repartimos los yogures en vasos individuales, endulzamos con azúcar y batimos hasta que quede una textura cremosa.

Repartimos por encima el muesli y las frutas deshidratadas. Espolvoreamos con canela molida y decoramos con una ramita de canela. Servimos bien frío.

dato nutricional

Si además de disfrutar de este delicioso postre, también hemos degustado una copiosa comida, una infusión elaborada con canela en rama (debido a sus propiedades carminativas) nos facilitará la digestión. Y mejor aún si la endulzamos con una cucharadita de miel.

SUGERENCIA DE CONSUMO

Tanto en rama como en polvo, podemos emplear la canela en la elaboración de una gran variedad de postres: cremas, *mousses*, natillas, arroz con leche, pasteles, torrijas, *apfelstrudel*, pudings, helado de canela…

COULIS DE CEREZAS Y YOGUR

UNIDADES: 4 · TIEMPO DE ELABORACIÓN: 15 MINUTOS · DIFICULTAD: BAJA

INGREDIENTES

200 g de cerezas limpias y deshuesadas

240 ml de agua

100 g de azúcar

4 yogures griegos

Canela en rama y anís estrellado

VALOR ENERGÉTICO

Calorías: 222 kcal

Proteínas: 4,5 g

Grasas: 4,4 g

Hidratos de carbono: 60 g

elaboración

Ponemos las cerezas junto con el agua y el azúcar en un cazo, a fuego lento, y cocemos hasta que reduzca el agua, removiendo de vez en cuando y machacando las cerezas. Cuando haya conseguido una textura espesa, retiramos del fuego y pasamos por la batidora hasta obtener el coulis. Dejamos enfriar.

Batimos los yogures con un poco de azúcar y repartimos en vasos individuales, formando capas con el coulis de cerezas. Decoramos con anís estrellado y canela en rama y servimos frío.

dato nutricional

Aunque la cereza es rica en hidratos de carbono, sobre todo fructosa, su valor calórico es moderado respecto a otras frutas. También aporta fibra, que mejora el tránsito intestinal, y pequeñas cantidades de provitamina A y vitamina C. Pero lo que destaca de las cerezas es su contenido en flavonoides y ácido elágico, que son excelentes antioxidantes.

SUGERENCIA DE CONSUMO

Con estos mismos ingredientes podemos elaborar un delicioso helado de yogur y coulis de cerezas. Tendremos que añadir al yogur nata montada, leche condensada y azúcar invertido (combinación de glucosa y fructosa). De esta manera, obtendremos una delicia muy nutritiva.

DULCE SORPRESA

UNIDADES: 4 · TIEMPO DE ELABORACIÓN: 10 MINUTOS · DIFICULTAD: BAJA

INGREDIENTES

4 plátanos

300 g de fresas

160 ml de leche

4 yogures naturales

100 g de azúcar

VALOR ENERGÉTICO

Calorías: 334 kcal

Proteínas: 7 g

Grasas: 5,72 g

Hidratos de carbono: 60,88 g

elaboración

Pelamos los plátanos y troceamos. Quitamos el tallo a las fresas, las lavamos y secamos con cuidado y troceamos.

Ponemos las fresas (excepto unas pocas que guardamos para decorar) y los plátanos en el vaso de la batidora y trituramos con la leche y el yogur hasta obtener una textura cremosa. Endulzamos con el azúcar. Decoramos con las fresas que habíamos reservado y servimos frío.

dato nutricional

Rico en potasio, magnesio, ácido fólico y sustancias de acción astringente, el plátano también nos aporta mucha fibra y es una de las frutas más calóricas por su elevado contenido de hidratos de carbono.

SUGERENCIA DE CONSUMO

Como tanto los plátanos como las fresas se pueden congelar, podemos echar mano de ellos para preparar deliciosos helados y sorbetes en cualquier época del año, así como bizcochos, tartas y batidos energizantes.

INYECCIÓN DE ENERGÍA

UNIDADES: 4 · TIEMPO DE ELABORACIÓN: 5 MINUTOS · DIFICULTAD: BAJA

INGREDIENTES

300 g de arándanos rojos

3 yogures griegos

3 dl de leche

100 g de azúcar

Una taza de muesli con frutas

VALOR ENERGÉTICO

Calorías: 339 kcal

Proteínas: 8 g

Grasas: 4,30 g

Hidratos de carbono: 28 g

elaboración

Lavamos y secamos con cuidado los arándanos y los ponemos en el vaso de la batidora junto con los yogures, la leche y el azúcar. Trituramos hasta obtener una textura cremosa. Servimos en vasos individuales, repartiendo el muesli por encima.

dato nutricional

Tanto los cereales como las frutas son alimentos que no deben faltar en nuestra dieta diaria, por lo que al ser componentes tradicionales del muesli este batido resulta ideal para complementar nuestra alimentación. Es muy recomendable tomarlo en el desayuno, ya que su composición nutritiva (hidratos de carbono, proteínas, vitaminas, lípidos y minerales) nos ayuda a comenzar la jornada con buen pie y mucha energía.

SUGERENCIA DE CONSUMO

Para elaborar un muesli casero podemos emplear cereales integrales o refinados (copos de avena, soja, trigo, maíz, cebada, granos de mijo...), frutos secos (cacahuetes, avellanas, nueces picadas...) y frutas desecadas (fresa, ciruela, manzana, dátil, albaricoque, uvas pasas...), junto con leche o yogur e, incluso, añadirle copos de chocolate.

Siempre que se laven los arándanos, y cualquier otra fruta, es conveniente secarla un poco antes de incorporarla a la receta o de triturarla porque ese exceso de agua puede reducir mucho la intensidad de su sabor.

JALEA DE FRUTAS

UNIDADES: 5 · TIEMPO DE ELABORACIÓN: 5 MINUTOS · DIFICULTAD: BAJA

INGREDIENTES

200 g de fruta variada (arándanos, kiwi, fresas, melocotón…) • Zumo de limón •
4 yogures naturales • 4 cucharadas de jalea de frutas (del sabor que hayamos elegido) •
100 g de azúcar • Hojitas de menta

VALOR ENERGÉTICO

Calorías: 279 kcal • Proteínas: 4 g • Grasas: 2,6 g •
Hidratos de carbono: 62,8 g

elaboración

Troceamos la fruta, ya limpia, y reservamos rociada con
unas gotas de zumo de limón para que no
ennegrezcan. Batimos los yogures junto con la jalea de
frutas y el azúcar hasta obtener una textura cremosa
muy fina.

Repartimos la mezcla en vasos individuales, salpicamos
por encima los trocitos de fruta que habíamos
reservado y decoramos con unas hojitas de menta.
Servimos muy frío.

dato nutricional

La jalea es una conserva dulce de aspecto casi transparente
y gelatinoso (no tiene la consistencia espesa de la compota
o la mermelada) elaborada con zumo de frutas u hortalizas
a la que se le añade abundante azúcar o miel, y que se
calienta muy lentamente, justo bajo el punto de ebullición y,
posteriormente, se deja coagular. Con frecuencia se le añade
también pectina o gelatina para darle ese toque gelatinoso,
aunque no es imprescindible.

SUGERENCIA DE CONSUMO

Si queremos elaborar una jalea de frutas casera, coceremos 1 kg de la fruta elegida en un litro de agua, a fuego mínimo, durante una hora. Después, colamos el líquido resultante, añadimos 700 g de azúcar y 200 ml de zumo de limón, y volvemos a cocer, a fuego medio-bajo, durante 20 minutos. Retiramos del fuego y dejamos que se temple antes de guardar en frascos de cristal.

LLUVIA DE FRAMBUESAS

UNIDADES: 4 · TIEMPO DE ELABORACIÓN: 5 MINUTOS · DIFICULTAD: BAJA

INGREDIENTES

4 yogures de frambuesa
200 ml de leche
100 g de azúcar
Una tarrina de frambuesas
Mini tortitas de maíz
Hojitas de menta

VALOR ENERGÉTICO

Calorías: 260 kcal
Proteínas: 5,6 g
Grasas: 4 g
Hidratos de carbono: 45 g

elaboración

Batimos los yogures con la leche y el azúcar, y repartimos en cuencos individuales.

Repartimos la mezcla obtenida en los cuencos y servimos con las frambuesas y las mini tortitas, decorando cada cuenco con unas hojitas de menta. Guardamos en el frigorífico hasta el momento de servir.

dato nutricional

Las frambuesas son muy ricas en vitamina C, hasta el punto que una taza de esta deliciosa fruta proporciona el 88% de las necesidades diarias de esta vitamina (un potente antioxidante que nos ayuda a neutralizar la influencia negativa de los radicales libres). Comer frambuesas nos ayuda a desintoxicar el organismo y a prevenir numerosas enfermedades degenerativas ocasionadas por la acumulación de toxinas.

SUGERENCIA DE CONSUMO

Con las frambuesas podemos elaborar una riquísima mermelada con la que acompañar las tostadas del desayuno, endulzar el yogur o las natillas, rellenar *crêpes*, mezclar con nata montada o preparar helados. Su color intenso es perfecto para adornar cualquier postre con una nota de color.

MANZANA CON CREMA DE YOGUR

UNIDADES: 4 · TIEMPO DE ELABORACIÓN: 5 MINUTOS · DIFICULTAD: BAJA

INGREDIENTES

8 cucharadas de compota de manzana verde

4 yogures griegos

200 ml de leche

Un vasito de nata

100 g de azúcar

Una tarrina de arándanos azules

Una taza de muesli

VALOR ENERGÉTICO

Calorías: 480 kcal

Proteínas: 12 g

Grasas: 8 g

Hidratos de carbono: 38,5 g

elaboración

Echamos todos los ingredientes (excepto los arándanos y el muesli) en el vaso de la batidora y batimos hasta obtener una crema fina. Repartimos la crema en vasos individuales y ponemos por encima el muesli y los arándanos. Servimos bien frío.

dato nutricional

Tradicionalmente se ha conocido a la manzana como «la fruta de la salud». En inglés hay un refrán que dice: «*An apple a day keeps the doctor away*» (Una manzana al día aleja al médico de tu puerta). Rica en pectina (buena aliada contra el colesterol y la diabetes), aminoácidos, azúcares, ácidos y fibras, a la manzana se le atribuyen muchas propiedades curativas, aparte de su reconocido poder diurético y depurativo.

SUGERENCIA DE CONSUMO

Si queremos simplificar la preparación de este delicioso postre, podemos utilizar yogur con sabor a manzana en lugar de compota. El sabor será menos intenso, pero si empleamos yogur desnatado el resultado será más bajo en calorías. También podemos sustituir la leche por crema ligera de leche.

MANJAR DE DIOSES

UNIDADES: 4 · TIEMPO DE ELABORACIÓN: 5 MINUTOS · DIFICULTAD: BAJA

INGREDIENTES

4 yogures griegos · 100 g de azúcar · Un vasito de crema de leche ·
Un racimo de uvas verdes · Un racimo de uvas rojas ·
Trocitos de pan tostado

VALOR ENERGÉTICO

Calorías: 250 kcal · Proteínas: 7 g ·
Grasas: 4,5 g · Hidratos de carbono: 40 g

SUGERENCIA DE CONSUMO

Si queremos potenciar el sabor del yogur, podemos batirlo junto con unas uvas peladas y sin pepitas. Si optamos por uvas rojas, le dará, además, un color muy llamativo que variará el resultado final de este delicioso plato.

elaboración

Ponemos en la batidora los yogures, el azúcar y la crema de leche y batimos hasta obtener una crema muy fina. Repartimos la mezcla en vasos y acompañamos con uvas verdes y rojas y trocitos de pan tostado. Guardamos en el frigorífico hasta el momento de servir.

dato nutricional

Aunque la composición de la uva varía según se trate de blancas o rojas, ambas destacan por su contenido en azúcares, principalmente glucosa y fructosa (más abundantes en las uvas blancas) y vitaminas (ácido fólico y vitamina B6). Precisamente, debido a su riqueza en azúcares, las uvas son una de las frutas más calóricas, si bien las cultivadas en regiones frías suelen tener menos azúcares que las que crecen en terrenos cálidos y secos.

MEZCLAS DEL BOSQUE

UNIDADES: 4 · TIEMPO DE ELABORACIÓN: 10 MINUTOS · DIFICULTAD: BAJA

INGREDIENTES

500 ml de agua

500 g de azúcar

Una rama de vainilla

60 g de frambuesas

150 g de arándanos

60 g de fresas

150 de grosellas

60 g de moras

VALOR ENERGÉTICO

Calorías: 528 kcal

Proteínas: 0 g

Grasas: 0 g

Hidratos de carbono: 23 g

elaboración

En un cazo ponemos a hervir el agua con el azúcar y la rama de vainilla, hasta obtener el almíbar. Mientras, limpiamos las frutas, las secamos y las troceamos.

Ponemos las frutas en una sopera o en un bol, añadimos el almíbar, mezclamos con cuidado y dejamos enfriar.

dato nutricional

Las moras se pueden obtener del arbusto (zarzamora), con un sabor más dulce, o del árbol (la morera). Son ricas en antioxidantes, vitamina C y E, algo de A y B, y minerales como potasio, calcio, hierro, magnesio y manganeso.

CONSEJO

Si tenemos un paquete de frutos del bosque guardado en el congelador, podemos preparar con él una deliciosa *mousse* helada, añadiéndole nata montada y merengue elaborado con azúcar glas y clara de huevo. ¡Estará exquisita!

SUGERENCIA DE CONSUMO

Las frutas silvestres resultan ideales para preparar bizcochos, tartas heladas y batidos dulces. Son un elemento ornamental fundamental en la repostería.

NUBES DE GOLOSINAS

UNIDADES: 4 · TIEMPO DE ELABORACIÓN: 5 MINUTOS· DIFICULTAD: BAJA

INGREDIENTES

4 yogures naturales

Un vaso de crema de leche

100 g de azúcar

4 cucharadas de mermelada de frambuesa

Una taza de fruta desecada en trocitos

150 g de arándanos azules

Nata montada

Una tarrina de frambuesas

VALOR ENERGÉTICO

Calorías: 433 kcal

Proteínas: 5,5 g

Grasas: 10,63 g

Hidratos de carbono: 70,25 g

SUGERENCIA DE CONSUMO

elaboración

Batimos los yogures con la crema de leche y el azúcar y repartimos en vasos individuales. Ponemos encima una cucharada de mermelada de frambuesa, trocitos de fruta desecada y arándanos.

Cubrimos con la nata montada, decoramos con unas frambuesas y servimos bien frío.

dato nutricional

Ricas en vitaminas C y E, las frambuesas tienen un alto contenido en agua y fibra y pequeñas dosis de calcio, potasio, hierro y magnesio. Se pueden tomar de multitud de formas, pero las mermeladas, batidos y helados elaborados con esta fruta resultan deliciosos. Tienen una cosecha en verano y otra en otoño.

Si queremos añadirle un toque especial a esta receta, podemos recurrir a una copita de licor de frambuesa y utilizar leche de coco en lugar de crema de leche. Es una excelente alternativa a los dulces industriales.

PIRÁMIDE MULTICOLOR

UNIDADES: 4 · TIEMPO DE ELABORACIÓN: 5 MINUTOS · DIFICULTAD: BAJA

INGREDIENTES

4 kiwis

4 yogures de coco

Una taza de fruta desecada en trocitos

VALOR ENERGÉTICO

Calorías: 241 kcal

Proteínas: 5,40 g

Grasas: 3,4 g

Hidratos de carbono: 42,6 g

elaboración

Pelamos y partimos en trocitos los kiwis. Batimos los yogures y los repartimos en copas individuales. Ponemos encima la fruta desecada con los trocitos de kiwi.

Guardamos en el frigorífico hasta el momento de servir para que esté muy frío.

dato nutricional

Como el componente fundamental del kiwi es el agua, su aporte calórico es moderado. Y su riqueza en vitamina C es importante. De hecho, tiene más del doble que una naranja. También es muy rico en vitaminas del grupo B.

SUGERENCIA DE CONSUMO

Si mantenemos los kiwis a temperatura ambiente, nos aguantarán 15 días; si los guardamos en la nevera, un mes, y si los congelamos, hasta medio año. Es una fruta que resulta deliciosa con mascarpone y también es excelente para elaborar mermeladas.

PLACERES GOURMET

UNIDADES: 4 · TIEMPO DE ELABORACIÓN: 5 MINUTOS · DIFICULTAD: BAJA

INGREDIENTES

4 yogures naturales · Un vaso de crema ligera · 100 g de azúcar ·
4 cucharadas de muesli · 4 cucharaditas de pipas de calabaza ·
4 cucharaditas de pasas · Una tarrina de frambuesas

VALOR ENERGÉTICO

Calorías: 320 kcal · Proteínas: 4,75 g ·
Grasas: 8 g · Hidratos de carbono: 53 g

SUGERENCIA DE CONSUMO

Podemos emplear los yogures y las frambuesas para preparar un exquisito flan. Batimos cuatro huevos
y mezclamos con el yogur, un litro de leche y 100 g de azúcar. A continuación, bañamos el interior de
unas flaneras individuales con caramelo líquido, vertemos en ellas la mezcla de yogur y cocemos en el
horno al baño María. Desmoldamos los flanes cuando estén fríos y decoramos con las frambuesas.

elaboración

Batimos los yogures con la crema ligera y el azúcar y repartimos en cuencos individuales. Ponemos encima el muesli, las pipas de calabaza y las pasas. Finalizamos con las frambuesas. Guardamos en el frigorífico hasta el momento de servir.

dato nutricional

Aunque las pipas de calabaza han sido muy valoradas por sus propiedades nutricionales y medicinales desde la antigüedad, hoy no se les da el valor que se merecen. Además de ser ricas en ácidos grasos esenciales omega-3 y omega-6, hierro, cinc, magnesio, potasio y vitaminas A y E, un gramo de proteínas de las pipas de calabaza contiene más triptófanos que un vaso de leche, por lo que resultan ideales para prevenir ciertos trastornos anímicos.

PUESTA DE SOL

UNIDADES: 4 · TIEMPO DE ELABORACIÓN: 12 MINUTOS · DIFICULTAD: BAJA

INGREDIENTES

Una granada

8 cucharadas de mermelada de albaricoque

4 yogures tipo griego

125 ml de nata líquida

100 g de azúcar avainillada

Un puñado de pistachos

VALOR ENERGÉTICO

Calorías: 450 kcal

Proteínas: 12 g

Grasas: 32 g

Hidratos de carbono: 71 g

elaboración

Desgranamos la granada y reservamos los granos. Repartimos una cucharada de mermelada de albaricoque en cada uno de los vasos. Aparte, batimos los yogures con la nata y el azúcar. Echamos la crema de yogur en los vasos y cubrimos con otra cucharada de mermelada de albaricoque.

Por último, salpicamos por encima los pistachos troceados y los granos de granada y servimos muy frío.

dato nutricional

Debido a su bajo contenido en hidratos de carbono, el aporte calórico de la granada es muy bajo, por lo que resulta una fruta ideal cuando se está a dieta, queremos mantener a raya el peso o somos diabéticos. Además, como contiene mucho potasio y poco sodio, es muy apropiada si sufrimos hipertensión.

SUGERENCIA DE CONSUMO

Si nos apetece un postre refrescante y mucho menos calórico, podemos mezclar la granada con unas cucharadas de yogur natural desnatado y edulcorado. La granada está deliciosa servida con nueces y combina muy bien con la mermelada de naranja.

¡QUÉ DELICIA!

UNIDADES: 6 · TIEMPO DE ELABORACIÓN: 8 MINUTOS · DIFICULTAD: BAJA

INGREDIENTES

2 mandarinas

4 yogures tipo griego

100 g de azúcar avainillado

4 cucharadas de mermelada de mandarina

Hojitas de menta

VALOR ENERGÉTICO

Calorías: 269 kcal

Proteínas: 4,5 g

Grasas: 4,4 g

Hidratos de carbono: 52,6 g

elaboración

Pelamos y partimos en gajos las mandarinas, eliminando todo lo blanco. Batimos el yogur con el azúcar y agregamos la mermelada de mandarina. Repartimos en cuencos individuales y acompañamos con unos gajos de mandarina. Decoramos con unas hojitas de menta y servimos bien frío.

dato nutricional

Como las mandarinas están compuestas fundamentalmente de agua, en relación a otras frutas de su género aportan menos azúcares y, por tanto, menos calorías. Sin embargo, su contenido en fibra (que se encuentra sobre todo en la parte blanca entre la pulpa y la corteza) es importante, y su consumo favorece el tránsito intestinal. En cuanto a su aporte vitamínico, sobresale su contenido en vitamina C, ácido fólico y provitamina A, más abundante que en cualquier otro cítrico. También contienen ácido cítrico, potasio y magnesio.

SUGERENCIA DE CONSUMO

Además de tomarla al natural, como fruta fresca o en zumo, podemos emplear los gajos de mandarina para decorar tartas o elaborar sorbetes, helados, mermeladas y licores. Debido a su sabor agridulce, también puede elaborarse una salsa exquisita para acompañar carnes, aves o pescados.

ROSA DE CORAZONES

UNIDADES: 6 · TIEMPO DE ELABORACIÓN: 5 MINUTOS · DIFICULTAD: BAJA

INGREDIENTES

4 yogures de fresa

100 g de azúcar

125 ml de crema de leche

Hojitas de menta

Bizcochitos o galletas en forma de corazones

VALOR ENERGÉTICO

Calorías: 325 kcal

Proteínas: 5,25 g

Grasas: 5,5 g

Hidratos de carbono: 60 g

elaboración

Batimos los yogures con el azúcar y la crema de leche hasta obtener una textura cremosa fina. Repartimos la mezcla en cuencos individuales y decoramos con hojitas de menta. Guardamos en el frigorífico hasta el momento de llevarlos a la mesa.

Servimos acompañados de los bizcochitos o galletas, según nuestra preferencia.

dato nutricional

Una persona adulta necesita 60 mg al día de vitamina C, y 100 g de fresas satisfacen esa necesidad. Por tanto, el consumo de esta deliciosa fruta es más que recomendable. Además, al tener un alto contenido en fibra, las fresas ejercen un potente efecto protector sobre el organismo ya que le ayudan a eliminar los residuos nocivos.

SUGERENCIA DE CONSUMO

Cuando compremos fresas, hemos de elegir aquellas que sean gruesas, brillantes y de apariencia fresca, ya que es una fruta muy delicada y perecedera. No tenemos que dejarnos influir por el hecho de que pesen poco o porque los extremos de sus pedúnculos sean más claros. Eso sí, deben tener siempre los tallos intactos, que no hay que quitar hasta haberlas lavado para que se conserven mejor.

SABOR DEL CARIBE

UNIDADES: 4 · TIEMPO DE ELABORACIÓN: 5 MINUTOS · DIFICULTAD: BAJA

INGREDIENTES

4 yogures naturales

200 ml de leche de coco

Una taza de muesli

VALOR ENERGÉTICO

Calorías: 170 kcal

Proteínas: 6,25 g

Grasas: 5,35 g

Hidratos de carbono: 23 g

elaboración

Batimos los yogures con la leche de coco hasta obtener una crema de yogur fina.

Repartimos en vasos individuales, espolvoreamos por encima el muesli y guardamos en el frigorífico hasta el momento de servir.

dato nutricional

Su alto contenido en grasas (33,5 g de grasa por cada 100 g de pulpa), sobre todo saturadas (88,6% del total), convierten al coco en un fruto de alto valor energético, pero muy calórico y graso, por lo que conviene moderar su consumo. Sin embargo, al ser muy rica en sales minerales (magnesio, fósforo, calcio), la leche de coco se considera una bebida remineralizante.

SUGERENCIA DE CONSUMO

Además de emplear la leche de coco en la elaboración de batidos, cócteles, helados o postres, también podemos consumirla fría (diluida con un poco de agua para hacerla más ligera), pues es una bebida muy refrescante.

CONSEJO

Al preparar la receta conviene espolvorear poco muesli porque algún comensal puede preferir añadirlo en el momento de servir para que no esté excesivamente reblandecido.

SENSACIONES DEL PARAÍSO

UNIDADES: 6 · TIEMPO DE ELABORACIÓN: 8 MINUTOS · DIFICULTAD: BAJA

INGREDIENTES

4 yogures naturales

100 g de azúcar

4 cucharadas de virutas de chocolate

4 cucharadas de mermelada de cerezas

100 g de cerezas

Nata montada

Hojitas de menta

VALOR ENERGÉTICO

Calorías: 379 kcal

Proteínas: 7,5 g

Grasas: 16 g

Hidratos de carbono: 72 g

elaboración

Batimos los yogures con el azúcar hasta obtener una textura cremosa fina. Reservamos. Repartimos las virutas de chocolate entre los vasos. Ponemos encima el yogur batido con el azúcar y, sobre este, una cucharada de mermelada de cerezas.

Por último, cubrimos con unas cerezas y la nata montada y decoramos con unas hojitas de menta.

dato nutricional

Debido a su contenido en hierro, calcio y vitamina C, las cerezas son especialmente aconsejables cuando hay una posible desmineralización como, por ejemplo, durante la pre-menopausia. Además, su riqueza en biofavonoides evita la degeneración celular.

SUGERENCIA DE CONSUMO

Las cerezas flameadas con una salsa de brandy y vertidas sobre un helado de vainilla forman parte del famoso «Cherries Jubilee», un postre que se inventó en 1897 para festejar el Jubileo de Diamantes de la reina Victoria de Inglaterra, quien las adoraba y las encontraba muy románticas.

TARRINA PRIMAVERAL

UNIDADES: 4 · TIEMPO DE ELABORACIÓN: 10 MINUTOS · DIFICULTAD: BAJA

INGREDIENTES

300 g de fresas

4 yogures naturales

125 ml de nata líquida

100 de azúcar

Una copita de licor de fresas

4 cucharadas de pistachos troceados

VALOR ENERGÉTICO

Calorías: 392 kcal

Proteínas: 9,9 g

Grasas: 19 g

Hidratos de carbono: 40 g

elaboración

Lavamos las fresas, secamos con cuidado y les quitamos el rabito y las hojas. Partimos en trocitos y reservamos. Echamos los yogures en el vaso de la batidora y batimos junto con la nata y el azúcar hasta obtener una crema de yogur fina. Agregamos la copita de licor y mezclamos de nuevo.

Repartimos la crema de yogur en las tarrinas y ponemos por encima las fresas troceadas y los pistachos.

dato nutricional

Además de ser muy rico en potasio, calcio, fósforo y hierro, el pistacho destaca por su contenido en ácido fólico (100 g de pistachos crudos aportan el mismo contenido en ácido fólico que 100 g de pan blanco) y por ser el fruto seco con más vitamina A.

SUGERENCIA DE CONSUMO

Podemos convertir esta tarrina en una deliciosa sopa fría, agregando un litro de leche en lugar de la nata. Les encantará a niños (en este caso sin el licor de fresas) y mayores, por lo que constituye una buena manera de tomar una inyección de nutrientes mientras se disfruta de su sabor.

SMOOTHIES, SALUDABLES Y DELICIOSOS

Cien por cien naturales, refrescantes, multivitamínicos y de exquisito sabor, los smoothies son mucho más que un zumo de frutas o verduras. Son una auténtica delicia gastronómica que satisface al paladar más exigente.

ABANICO DE FRUTAS

UNIDADES: 4 · TIEMPO DE ELABORACIÓN: 5 MINUTOS · DIFICULTAD: BAJA

INGREDIENTES

250 g de frutos rojos congelados (fresas, frambuesas, arándanos rojos y azules, moras, grosellas…)
250 g de leche de coco
4 yogures naturales
100 g de azúcar
Hojitas de menta, grosellas y fresas para decorar

VALOR ENERGÉTICO

Calorías: 263,9 kcal
Proteínas: 5,2 g
Grasas: 15,8 g
Hidratos de carbono: 53,05 g

elaboración

Unos minutos antes de servir los smoothies, ponemos los frutos rojos, la leche de coco, el yogur y el azúcar en el vaso de la batidora y trituramos a máxima potencia unos instantes. No es conveniente excederse en el triturado para que no le dé tiempo a calentarse, solo a que la fruta se triture y todos los ingredientes se mezclen. Servimos los smoothies en los vasos, decorándolos con unas hojitas de menta fresca, un ramito de grosellas, fresas o arándanos.

dato nutricional

Las moras son de las pocas frutas que poseen vitamina E. Esta vitamina es un potente antioxidante que evita la destrucción anormal de glóbulos rojos y previene los trastornos oculares, las anemias y los ataques cardíacos. Además es un gran aliado para quienes se resisten a dejar de fumar, ya que ayuda a eliminar las sustancias tóxicas del tabaco.

SUGERENCIA DE CONSUMO

Conviene que tengamos la leche de coco y el yogur en el frigorífico varias horas antes de preparar los smoothies para que estén muy fríos. Y la fruta roja la guardaremos hasta el último momento en el congelador.

AUTÉNTICO PLACER

UNIDADES: 4 · TIEMPO DE ELABORACIÓN: 5 MINUTOS · DIFICULTAD: BAJA

INGREDIENTES

4 plátanos congelados

20 g de cacao puro en polvo

4 yogures naturales

200 ml de leche

30 g de mantequilla

100 g de azúcar

Una vaina de cardamomo

Pepitas o láminas de chocolate

Hojitas de menta

Frambuesas desecadas

Barquillos

VALOR ENERGÉTICO

Calorías: 251,75 kcal

Proteínas: 35 g

Grasas: 15,75 g

Hidratos de carbono: 87,8 g

elaboración

Ponemos en el vaso de la batidora los plátanos pelados y troceados, el cacao, los yogures, la leche, la mantequilla, el azúcar y las semillas de la vaina de cardamomo, y trituramos a potencia máxima unos instantes. Servimos los smoothies en vasos altos. Espolvoreamos las pepitas o láminas de chocolote y decoramos con hojitas de menta y frambuesas desecadas. Acompañamos con unos barquillos.

dato nutricional

Originario de Sri Lanka y la India, el cardamomo o «grano del Paraíso» es un ingrediente habitual de la cocina de dichos países. Se emplea sobre todo en la elaboración de arroces. También es frecuente en la gastronomía árabe, sobre todo a la hora de preparar el café, al que le añaden semillas del cardamomo para convertirlo en un tónico cardiaco y antiflatulencias.

SUGERENCIA DE CONSUMO

Además de resultar un smoothie muy rico y nutritivo, al añadirle el cardamomo le aportamos un toque especiado muy aromático y, al mismo tiempo, logramos que no sea nada empalagoso. Podemos mezclar sabores dulces con salados o picantes, siempre que lo hagamos con medida.

BESOS DE FRESAS Y FRAMBUESAS

UNIDADES: 4 · TIEMPO DE ELABORACIÓN: 5 MINUTOS · DIFICULTAD: BAJA

INGREDIENTES

300 g de fresas congeladas

300 g de frambuesas congeladas

300 ml de leche

100 g de azúcar

8 cubitos de hielo

Frambuesas y fresitas silvestres para decorar

VALOR ENERGÉTICO

Calorías: 125 kcal

Proteínas: 2,65 g

Grasas: 2,92 g

Hidratos de carbono: 38,35 g

elaboración

Ponemos en el vaso de la batidora las fresas, las frambuesas, la leche, el azúcar y los cubitos de hielo y trituramos a potencia máxima durante unos instantes, hasta conseguir la textura suave y homogénea típica del smoothie.

Repartimos en vasos altos o copas y decoramos con las fresitas o frambuesas silvestres.

dato nutricional

Este smoothie cubre las necesidades diarias de vitamina C. Esta vitamina es esencial para la producción de hormonas, colágeno y neurotransmisores, por lo que este smoothie está especialmente indicado para fumadores, deportistas y personas sometidas a estrés.

SUGERENCIA DE CONSUMO

Podemos sustituir el azúcar blanco por azúcar moreno y en lugar de añadirlo en el vaso de la batidora junto con los otros ingredientes lo espolvorearemos por encima del smoothie una vez preparado. También podemos añadir unas perlitas de chocolate blanco.

CAPRICHOS DEL HUERTO

UNIDADES: 4 · TIEMPO DE ELABORACIÓN: 15 MINUTOS · DIFICULTAD: BAJA

INGREDIENTES

400 g de guisantes

600 g de zanahorias

2 tallos de apio

700 ml de agua

Curry en polvo

Zanahorias y apio para decorar

VALOR ENERGÉTICO

Calorías: 117,5 kcal

Proteínas: 6,75 g

Grasas: 4,9 g

Hidratos de carbono: 20,425 g

elaboración

Desgranamos los guisantes. Raspamos la piel de las zanahorias y las partimos en rodajas. Quitamos las hebras al apio, lavamos y troceamos. Echamos todos los ingredientes en el vaso de la batidora y trituramos.

Colamos, si lo consideramos necesario, y repartimos en vasos individuales. Decoramos con unas rodajitas de zanahoria y unas varitas de apio y servimos frío.

dato nutricional

Los guisantes son ideales en casos de cansancio o debilidad gracias a su riqueza en minerales y oligoelementos, y junto a las zanahorias, obtendremos un refrescante batido que nos pondrá las pilas a tope.

SUGERENCIA DE CONSUMO

Podemos emplear tanto guisantes frescos como congelados. Si usamos estos últimos, no es necesario descongelarlos para elaborar este preparado. Esta receta es una manera muy refrescante para tomar verdura en los calurosos meses estivales.

CEREZAS DE ENSUEÑO

UNIDADES: 4 · TIEMPO DE ELABORACIÓN: 5 MINUTOS · DIFICULTAD: BAJA

INGREDIENTES

200 ml de zumo de cerezas

200 ml de zumo de manzana

500 g de cerezas deshuesadas y congeladas

4 yogures naturales

100 g de azúcar

Cerezas frescas

VALOR ENERGÉTICO

Calorías: 343,75 kcal

Proteínas: 7,25 g

Grasas: 2,38 g

Hidratos de carbono: 73 g

elaboración

Ponemos todos los ingredientes en el vaso de la batidora y trituramos hasta obtener una textura cremosa suave. Servimos en vasos individuales y acompañamos con unas cerezas frescas.

dato nutricional

Además de constituir una importante inyección de vitaminas, este smoothie potencia la función muscular y combate el insominio. Y si además sustituimos el azúcar por edulcorante y utilizamos yogur desnatado, resulta un preparado perfecto si estamos a dieta.

SUGERENCIA DE CONSUMO

No es necesario comprar el zumo de cerezas y manzana, ya que nosotros podemos prepararlo en casa utilizando la licuadora. De este modo obtendremos un zumo natural sin colorantes ni conservantes que beneficiará a nuestro organismo.

DELICIOSOS SEMÁFOROS

UNIDADES: 6 · TIEMPO DE ELABORACIÓN: 15 MINUTOS · DIFICULTAD: BAJA

INGREDIENTES

A. DE MELOCOTÓN Y NARANJA:

200 g de melocotones en almíbar

75 ml de yogur sabor melocotón

100 ml de zumo de naranja

Una cucharadita de miel

B. DE FRESAS:

200 g de fresas

75 ml de yogur sabor fresa

100 ml de zumo de naranja

Una cucharadita de miel

C. DE MANGO Y MENTA:

2 mangos maduros

4 cucharadas de zumo de limón

Una cucharada de azúcar

12 hojitas de menta picadas

500 ml de agua muy fría

VALOR ENERGÉTICO

Calorías: 81,5 (A), 57,6 (B), 60,08 (C) kcal

Proteínas: 1,43 (A), 1,68 (B), 0,25 (C) g

Grasas: 0,23 (A), 0,23 (B), 0 (C) g

Hidratos de carbono: 18,45 (A), 11,7 (B), 14,77 (C) g

elaboración

Para preparar el smoothie de melocotón, escurrimos los melocotones y trituramos con el yogur, el zumo de naranja y la miel. Para elaborar el de fresas, lavamos y secamos con cuidado las fresas, y quitamos las hojitas. Trituramos junto con el resto de ingredientes. Para hacer el de mango y menta, pelamos y deshuesamos los mangos, partimos en trozos y trituramos con el resto de los ingredientes. Servimos bien fríos y en vasos altos.

dato nutricional

Conocido como el «melocotón de los trópicos», el mango es uno de los frutos tropicales más finos y su sabor es muy dulce y aromático. Debido a su alto contenido en hidratos de carbono, su valor calórico es muy elevado. Este delicioso fruto es muy rico en magnesio, provitamina A y vitamina C (200 g de su pulpa cubren las necesidades de dichas vitaminas de una persona).

toppings

SUGERENCIA DE CONSUMO

Una forma exquisita de degustar y disfrutar las fresas es tomándolas al natural y aderezadas con unas gotas de lima que realzan su sabor. Esta es la forma más sencilla y sana de consumir la fruta.

DULCES GROSELLAS

UNIDADES: 4 · TIEMPO DE ELABORACIÓN: 15 MINUTOS · DIFICULTAD: BAJA

INGREDIENTES

600 g de grosellas blancas

1 dl de agua

150 g de azúcar glas

200 g de nata líquida

VALOR ENERGÉTICO

Calorías: 352,5 kcal

Proteínas: 1,9 g

Grasas: 15 g

Hidratos de carbono: 52,55 g

elaboración

Lavamos y secamos las grosellas con cuidado y reservamos unas cuantas para decorar. Ponemos a cocer las grosellas con el agua, a fuego lento, presionándolas de vez en cuando con la parte posterior de una cuchara.

Colamos en el chino y mezclamos el jugo resultante con el azúcar glas. Dejamos enfriar. Batimos la nata muy fría y agregamos a la mezcla anterior. Repartimos en vasos individuales y decoramos con las grosellas que habíamos reservado.

dato nutricional

Al llevar pectina entre sus componentes, las grosellas (ya sean rojas, negras o blancas) favorecen la absorción del agua y d la grasa, por lo que son idóneas si se quiere perder peso.

SUGERENCIA DE CONSUMO

Cuando compremos grosellas debemos fijarnos que estén firmes al tacto y su color sea brillante e intenso. Deben de estar tersas y secas, pues si están mojadas se enmohecen enseguida. Se suelen conservar en buenas condiciones entre cuatro y diez días, aunque tienden a la deshidratación.

ESPUMA DE CEREZAS

UNIDADES: 4 · TIEMPO DE ELABORACIÓN: 10 MINUTOS · DIFICULTAD: BAJA

INGREDIENTES

400 g de cerezas

4 bolas de helado de chocolate blanco

400 ml de leche

Una copita de licor de cerezas

VALOR ENERGÉTICO

Calorías: 248,2 kcal

Proteínas: 6,2 g

Grasas: 9 g

Hidratos de carbono: 32,81 g

elaboración

Lavamos, secamos y deshuesamos las cerezas. Las ponemos en el vaso de la batidora y trituramos. Agregamos el resto de los ingredientes y batimos hasta obtener una mezcla homogénea y suave.

Repartimos en vasos individuales y servimos inmediatamente.

dato nutricional

Las cerezas se consideran antirreumáticas, antiartríticas, astringentes, diuréticas, antisépticas, energéticas, remineralizantes y, sobre todo, desintoxicantes.

SUGERENCIA DE CONSUMO

Si las cerezas están un poco verdes, debemos dejarlas fuera del frigorífico para que maduren. Si ya están maduras, tenemos que guardarlas en la nevera sin que se aplasten entre sí en exceso. Así aguantan bien dos o tres días.

FUENTE DE VAINILLA

UNIDADES: 4 · TIEMPO DE ELABORACIÓN: 20 MINUTOS · DIFICULTAD: BAJA

INGREDIENTES
500 ml de leche

2 vainas de vainilla

8 cucharadas de azúcar

500 ml de nata para montar

Hojitas de menta

VALOR ENERGÉTICO
Calorías: 637,5 kcal

Proteínas: 6,5 g

Grasas: 41,88 g

Hidratos de carbono: 58,75 g

elaboración

En un cazo calentamos la mitad de la leche sin que llegue a hervir e infusionamos en ella el contenido de las vainas de vainilla. Mezclamos con el azúcar y dejamos enfriar en el frigorífico.

Montamos la nata bien fría hasta que quede cremosa y espumosa. Con la batidora batimos la leche a la vainilla que hemos preparado y mezclamos con la nata montada. Servimos muy frío en copas, decorando el smoothie con unas hojitas de menta.

dato nutricional

La característica que distingue una buena vainilla es que tenga un aspecto flexible y brillante. Las vainillas más aromáticas, conocidas con la denominación *vanille givrée* o «vainilla escarchada», tienen en sus extremos un ligero velo blanco.

SUGERENCIA DE CONSUMO

Si almacenamos las vainas de vainilla en azúcar, después de dos o tres semanas el azúcar adquirirá el sabor de la vainilla y podremos utilizarlo para endulzar el café o las infusiones, y también como ingrediente de otras recetas que requieran el uso de azúcar avainillado.

FUSIÓN EN ROSA

UNIDADES: 4 · TIEMPO DE ELABORACIÓN: 10 MINUTOS · DIFICULTAD: BAJA

INGREDIENTES

500 g de frambuesas

200 ml de zumo de manzana

Un yogur griego

100 ml de leche

Una cucharada de miel

Una cucharada de germen de trigo

VALOR ENERGÉTICO

Calorías: 124,55 kcal

Proteínas: 4,5 g

Grasas: 2,47 g

Hidratos de carbono: 19,8 g

elaboración

Lavamos y secamos con cuidado las frambuesas. Apartamos unas cuantas frambuesas para la decoración y trituramos el resto junto con el zumo de manzana, el yogur, la leche, la miel y el germen de trigo.

Repartimos la mezcla en vasos individuales, decoramos con algunas frambuesas y servimos cuando esté muy frío.

dato nutricional

La frambuesa es una fruta deliciosa y excelente para la salud. Sin embargo, no está recomendado su consumo si se tienen trastornos gastrointestinales o insuficiencia renal.

CONSEJO

Aunque hay cultivos de invernadero donde se producen frambuesas a lo largo de todo el año y su tamaño es muy grande, tienen poco aroma y son menos dulces. La temporada alta de la frambuesa es en primavera y verano, aunque en otoño también pueden encontrarse.

SUGERENCIA DE CONSUMO

Además de decorar con frambuesas, una buena opción es llevar a la mesa varios cuencos con arándanos, bolitas de chocolate blanco y negro, pasas, etc., para que cada comensal disfrute eligiendo sus sabores favoritos.

GLACIAR DE MELOCOTÓN

UNIDADES: 4 · TIEMPO DE ELABORACIÓN: 10 MINUTOS · DIFICULTAD: BAJA

INGREDIENTES

4 melocotones

Un plátano

300 ml de zumo de naranja

2 yogures tipo griego

2 cucharadas de miel

2 cucharadas de azúcar

VALOR ENERGÉTICO

Calorías: 252 kcal

Proteínas: 3,31 g

Grasas: 2,3 g

Hidratos de carbono: 54,44 g

elaboración

Pelamos, troceamos y congelamos la fruta, reservando unas rodajitas de melocotón. Cuando se haya congelado, la sacamos del congelador y la trituramos junto con el resto de los ingredientes hasta que quede una mezcla homogénea. Si se desea más líquida, añadiremos más zumo. Servimos la mezcla en vasos individuales y decoramos con las rodajitas de melocotón.

dato nutricional

Al contrario de lo que a priori pueda parecer debido a su sabor dulce, el melocotón no es precisamente de las frutas que más hidratos de carbono y calorías aportan. Sin embargo, si destacamos su riqueza en fibra, excelente para mejorar el tránsito intestinal. Además, entre su composición mineral, sobresale su contenido en potasio, y en menor cantidad, en magnesio y yodo.

SUGERENCIA DE CONSUMO

Conviene mantener los melocotones que no estén maduros del todo a temperatura ambiente hasta que estén en el punto óptimo. Cuando ya están maduros, podemos guardarlos en la nevera, pero siempre separados de otras frutas, ya que se producen mezclas de olores y se deterioran más fácilmente.

GOTAS DE CIELO

UNIDADES: 4 · TIEMPO DE ELABORACIÓN: 8 MINUTOS · DIFICULTAD: BAJA

INGREDIENTES

4 plátanos

400 ml de leche

4 bolas de helado de nata

Una cucharadita de canela en polvo

Canela en rama

VALOR ENERGÉTICO

Calorías: 238 kcal

Proteínas: 6,2 g

Grasas: 8,9 g

Hidratos de carbono: 33,25 g

elaboración

Pelamos y troceamos los plátanos. Trituramos en el robot o con la batidora junto con la leche, hasta que quede una crema muy suave.

Repartimos la mezcla en vasos individuales, agregamos una bola de helado de nata y espolvoreamos con canela molida. Decoramos con una ramita de canela y servimos inmediatamente.

dato nutricional

Según su contenido graso, expresado en porcentaje de materia grasa respecto al peso del producto neto, la nata se clasifica en «doble nata» (más de 50% de materia grasa), nata (con un mínimo del 30% y menos del 50% de materia grasa) y nata ligera (con un mínimo del 12% y menos del 30% de materia grasa).

SUGERENCIA DE CONSUMO

En lugar de helado de nata podemos emplear nata montada. Si la montamos en casa, hay que guardarla en el frigorífico durante 24 horas antes de prepararla. También conviene tener las ramitas de canela y el bol que vayamos a utilizar bien fríos.

La canela tiene un sabor muy intenso, por lo que su uso debe ser moderado porque puede esconder el sabor de otros ingredientes.

HECHIZOS DE ARÁNDANOS

UNIDADES: 4 · TIEMPO DE ELABORACIÓN: 10 MINUTOS · DIFICULTAD: BAJA

INGREDIENTES

4 manzanas tipo Golden

Una tarrina de arándanos congelados

4 yogures naturales

4 cucharadas de miel

Una cucharadita de extracto de vainilla

Arándanos para decorar

VALOR ENERGÉTICO

Calorías: 253,5 kcal

Proteínas: 6,35 g

Grasas: 1,625 g

Hidratos de carbono: 52,875 g

elaboración

Pelamos y licuamos las manzanas. Vertemos el jugo obtenido en el vaso de la batidora y trituramos junto con el resto de los ingredientes hasta obtener una crema suave.

Repartimos la mezcla en vasos individuales, decoramos con unos arándanos y servimos bien frío.

dato nutricional

La variedad Golden Delicious es una de las manzanas más cultivadas en todo el mundo. De forma redonda y regular, su piel es amarilla verdosa y su carne es jugosa, crujiente, dulce y aromática. Se encuentra en las fruterías durante casi todo el año.

SUGERENCIA DE CONSUMO

Si queremos un smoothie mucho más espeso, en lugar de licuar la manzana (una vez pelada y troceada) la trituraremos con el resto de los ingredientes. Otra variante es decorar con una mezcla de frutos del bosque.

ICEBERG DE MORAS

UNIDADES: 4 · TIEMPO DE ELABORACIÓN: 8 MINUTOS · DIFICULTAD: BAJA

INGREDIENTES

350 g de queso fresco

300 ml de leche

120 g de azúcar

300 g de moras congeladas

VALOR ENERGÉTICO

Calorías: 310,75 kcal

Proteínas: 10,15 g

Grasas: 9,625 g

Hidratos de carbono: 45 g

elaboración

Batimos el queso con la leche y el azúcar hasta obtener una crema muy suave. Agregamos las moras congeladas (reservando unas pocas para la decoración final de la receta) y trituramos todos los ingredientes.

Repartimos la mezcla en vasos individuales, decoramos con las moras y servimos muy frío.

dato nutricional

Por su contenido en hierro, las moras son estupendas para combatir la anemia. Además, el jugo de moras con un poco de agua tibia y miel es excelente para combatir las enfermedades de la garganta.

SUGERENCIA DE CONSUMO

Además de para la elaboración de este delicioso smoothie, podemos emplear las moras para preparar zumos, jaleas, mermeladas, compotas y postres. También podemos realizar *mousses* y son perfectas para decorar recetas a base de yogur debido al contraste de color.

ILUSIÓN DE CHOCOLATE

UNIDADES: 4 · TIEMPO DE ELABORACIÓN: 5 MINUTOS · DIFICULTAD: BAJA

INGREDIENTES

4 bolas de helado de chocolate

800 ml de soja

8 cucharadas de nueces picadas

2 tazas de esencia de coco

4 cucharadas de esencia de vainilla

VALOR ENERGÉTICO

Calorías: 400,75 kcal

Proteínas: 12,34 g

Grasas: 28,18 g

Hidratos de carbono: 21,625 g

elaboración

Vertemos todos los ingredientes en un bol y batimos con la batidora hasta obtener una crema suave y homogénea.

Repartimos la crema en vasos individuales y servimos inmediatamente, antes de que se temple.

dato nutricional

Al no contener ni lactosa, ni azúcar, ni colesterol, la leche de soja es una alternativa perfecta a la leche de vaca para personas intolerantes a la lactosa, diabéticas o que necesitan bajar los niveles de colesterol.

SUGERENCIA DE CONSUMO

La leche de soja se puede emplear de igual modo que la leche de vaca, pudiéndose elaborar con ella tanto postres como salsas, que resultarán suaves y de agradable sabor. Una vez cocida, la leche de soja conserva todas sus propiedades.

JARDINES DE MARACUYÁ

UNIDADES: 4 · TIEMPO DE ELABORACIÓN: 15 MINUTOS · DIFICULTAD: BAJA

INGREDIENTES

4 manzanas

2 naranjas

3 mangos

2 maracuyás

2 plátanos

VALOR ENERGÉTICO

Calorías: 143 kcal

Proteínas: 1,75 g

Grasas: 0,50 g

Hidratos de carbono: 33 g

elaboración

Pelamos, troceamos y licuamos las manzanas. Reservamos el jugo obtenido. Preparamos el zumo de naranja y reservamos.

Pelamos y troceamos el resto de las frutas y trituramos junto con el jugo de manzana y de naranja. Repartimos la mezcla en vasos individuales y servimos bien frío.

dato nutricional

El maracuyá o «fruta de la pasión», además de tener un elevado contenido de agua, es muy rica en vitaminas y minerales, como vitamina C, provitamina A o betacaroteno, ambas fundamentales para nuestro organismo. Y al tener un gran aporte en fibra, es ideal para quienes padecen estreñimiento.

CONSEJO

La mejor manera de degustar el maracuyá al natural es abriéndolo por el centro y extraer la pulpa con una cucharilla. Otra forma original de consumir esta fruta es con leche, por ejemplo la de coco, con unas gotas de zumo de limón.

El maracuyá es una fruta tropical, por lo que un consejo divertido es decorar este smoothie con pajitas o sombrillitas de colores.

JUEGOS DE SABOR

UNIDADES: 4 · TIEMPO DE ELABORACIÓN: 10 MINUTOS · DIFICULTAD: BAJA

INGREDIENTES

1 kg de pepinos

2 limones

10 hojas de menta fresca

8 o 10 cubitos de hielo

Brotes de soja

VALOR ENERGÉTICO

Calorías: 24 kcal

Proteínas: 1 g

Grasas: 1 g

Hidratos de carbono: 3,5 g

elaboración

Pelamos y troceamos los pepinos. Exprimimos los limones. Trituramos los pepinos junto con el zumo de limón, las hojas de menta y los cubitos de hielo.

Repartimos la mezcla en vasos individuales, espolvoreamos por encima los brotes de soja y servimos inmediatamente.

dato nutricional

El pepino, al pertenecer a las hortalizas ricas en agua (contiene más de 96% de agua), es un fruto muy refrescante. Además, como su contenido en potasio es alto y, por el contrario, apenas contiene sodio, el pepino facilita el drenaje del organismo y es un excelente diurético.

SUGERENCIA DE CONSUMO

El pepino también resulta delicioso en granizado, mezclado con jugo de pomelo. Para prepararlo necesitamos un pepino, 150 ml de zumo de pomelo y unos cubitos de hielo por cada comensal.

LABIOS DE PIÑA

UNIDADES: 4 · TIEMPO DE ELABORACIÓN: 12 MINUTOS · DIFICULTAD: BAJA

INGREDIENTES

Una piña

800 ml de agua de coco

4 yogures naturales

4 cucharadas de azúcar

Cubitos de hielo

Un tarro de guindas en almíbar

VALOR ENERGÉTICO

Calorías: 294,35 kcal

Proteínas: 6,36 g

Grasas: 1,5 g

Hidratos de carbono: 63,36 g

elaboración

Pelamos y troceamos la piña, reservando unas rodajitas para decorar. Trituramos la piña troceada junto con el agua de coco, los yogures, el azúcar y los cubitos de hielo. Repartimos la mezcla en vasos individuales, decoramos con las rodajitas de piña que habíamos reservado y las guindas, y servimos muy frío.

dato nutricional

La piña regula el metabolismo y tiene propiedades antioxidantes, laxantes, diuréticas y saciantes. También ayuda a la digestión de las proteínas y previene y mejora el estreñimiento. Reduce el colesterol en sangre y, por tanto, los riesgos de enfermedades cardiovasculares.

SUGERENCIA DE CONSUMO

Con la piel de la piña podemos preparar una exquisita gelatina. La ponemos a cocer con un poco de agua, una pizca de vainilla y gelatina en polvo neutra. Tras cocer durante unos 5 minutos, pasamos por un colador y dejamos reposar hasta que se convierta en gelatina.

Les bons desserts

Chez nous, la grande
variété de gâteaux, vous
assure toujours de passer
un moment agréable.

NUBES DULCES

UNIDADES: 4 · TIEMPO DE ELABORACIÓN: 15 MINUTOS · DIFICULTAD: BAJA

INGREDIENTES

2 pitahayas amarillas grandes

250 g de azúcar moreno

Medio limón

Una clara de huevo

Hojitas de menta

VALOR ENERGÉTICO

Calorías: 278,25 kcal

Proteínas: 1,51 g

Grasas: 0,11 g

Hidratos de carbono: 68,35 g

elaboración

Limpiamos, pelamos y partimos las pitahayas en trocitos de unos 3 cm. Metemos en el congelador hasta que estén congeladas.

Pulverizamos el azúcar y vertemos en un bol junto con las pitahayas congeladas y el medio limón, sin piel ni pepitas. Trituramos hasta que quede una crema suave. Montamos la clara a punto de nieve y agregamos con cuidado a la mezcla anterior. Repartimos en vasos altos, decoramos con las hojitas de menta y servimos bien frío.

dato nutricional

La pitahaya amarilla posee un aroma intenso y su pulpa es muy refrescante y dulce, aunque es baja en calorías. La pulpa es de color blanco y está llena de semillas negras muy pequeñas que destacan por su efecto laxante.

CONSEJO

La pitahaya amarilla debemos mantenerla en un lugar fresco, seco y apartado de la luz directa del sol. Podemos tomarla abierta por la mitad y a cucharadas, en rodajas, en zumo, en batido...incluso en algunos países se emplea como colorante.

Para esta receta hemos escogido pitahaya amarilla. La variedad roja es menos aromática y algo más insípida, pero su atractivo color la convierte en un fruto ideal para decorar.

REFRESCANTE ATARDECER

UNIDADES: 4 · TIEMPO DE ELABORACIÓN: 10 MINUTOS · DIFICULTAD: BAJA

INGREDIENTES

800 g de sandía

500 g de fresas

100 g de azúcar

Cubitos de hielo

Hojitas de menta

VALOR ENERGÉTICO

Calorías: 205 kcal

Proteínas: 2 g

Grasas: 0 g

Hidratos de carbono: 47,75 g

elaboración

Pelamos y troceamos la sandía. Lavamos y secamos con cuidado las fresas, y les quitamos las hojitas. Reservamos algunas para decorar.

Trituramos la fruta junto con el azúcar y los cubitos de hielo. Repartimos la mezcla en vasos altos y decoramos con las hojitas de menta. Servimos inmediatamente.

dato nutricional

La sandía es un alimento diurético, digestivo, antioxidante e hidratante, sobre todo antes y después de hacer ejercicio. Su consumo se recomienda contra la inflamación de la vejiga.

SUGERENCIA DE CONSUMO

Para preparar un delicioso refresco de sandía y té rojo, trituraremos con la batidora 200 g de sandía sin pepitas y, después, añadiremos un vaso de té rojo, unas gotas de zumo de limón y un poquito de ralladura de limón. Batiremos de nuevo, colaremos, metemos en la nevera y serviremos cuando esté muy frío.

SUTILES SABORES

UNIDADES: 4 · TIEMPO DE ELABORACIÓN: 15 MINUTOS · DIFICULTAD: BAJA

INGREDIENTES

2 cucharadas de crema de chocolate
blanco
50 cl de leche
2 plátanos
Un yogur cremoso de vainilla
Hojitas de menta verde

VALOR ENERGÉTICO

Calorías: 142,75 kcal
Proteínas: 3,2 g
Grasas: 4,56 g
Hidratos de carbono: 22,18 g

elaboración

En un cazo calentamos a fuego lento la crema de chocolate, añadiendo la leche poco a poco y sin dejar de remover. Cuando vaya a romper a hervir, retiramos el cazo del fuego y dejamos enfriar. Pelamos y troceamos los plátanos y trituramos junto con el yogur. Agregamos la crema de chocolate y batimos hasta que quede una crema fina y ligeramente espumosa. Repartimos la mezcla en copas, decoramos con hojitas de menta y servimos bien frío.

dato nutricional

La menta verde, seca o fresca, es una fuente de hierro. Este mineral es esencial para el transporte del oxígeno y la formación de glóbulos rojos en la sangre. También interviene en la fabricación de nuevas células, hormonas y neurotransmisores. Además, la menta tiene propiedades digestivas.

SUGERENCIA DE CONSUMO

Si no disponemos de crema de chocolate, podemos mezclar 50 g de chocolate blanco derretido con 25 g de avellana molida. También podemos hacer una crema de chocolate con sabor más intenso mezclando chocolate negro con azúcar moreno.

SUEÑOS DE CAFÉ

UNIDADES: 4 · TIEMPO DE ELABORACIÓN: 5 MINUTOS · DIFICULTAD: BAJA

INGREDIENTES

500 ml de leche

2 cucharadas de café instantáneo

4 cucharadas de azúcar

4 cucharadas de sirope de chocolate

2 tazas de hielo picado

Pepitas de café

VALOR ENERGÉTICO

Calorías: 308,75 kcal

Proteínas: 5,5 g

Grasas: 12,5 g

Hidratos de carbono: 43,625 g

elaboración

Batimos la leche, el café instantáneo, el azúcar y el sirope de chocolate con la batidora. Agregamos el hielo picado y mezclamos.

Repartimos la mezcla en vasos altos, decoramos con las pepitas de café y servimos inmediatamente.

dato nutricional

Además de por su sabor, la popularidad del café se debe sobre todo a su efecto vigorizante, tonificante y estimulante, debido a su contenido en cafeína.

SUGERENCIA DE CONSUMO

Podemos preparar un delicioso batido de café disolviendo 200 g de azúcar en un litro de leche hirviendo. Después, añadimos un poco de vainillina (o su solución artificial, la vainilla), mezclamos, dejamos enfriar y guardamos en la nevera. Cuando la leche esté muy fría, la batimos con dos copas de licor de naranja y cuatro cubitos de hielo. Repartimos en copas individuales y esparcimos por encima de cada una de ellas una cucharadita de café soluble.

SUSURROS SILVESTRES

UNIDADES: 4 · TIEMPO DE ELABORACIÓN: 8 MINUTOS · DIFICULTAD: BAJA

INGREDIENTES

400 g de acelgas jóvenes

800 ml de kéfir

300 g de arándanos rojos

Hojitas de menta

VALOR ENERGÉTICO

Calorías: 161,5 kcal

Proteínas: 9,975 g

Grasas: 4,575 g

Hidratos de carbono: 20,15 g

elaboración

Lavamos las acelgas y retiramos la parte fibrosa con un cuchillo. Trituramos junto con el kéfir y los arándanos rojos, hasta obtener una crema suave y homogénea.

Vertemos el smoothie en vasos, decoramos con hojitas de menta y servimos bien frío.

dato nutricional

Originario del Cáucaso, el kéfir es un hongo que se nutre de leche y la hace fermentar. El resultado es una especie de yogur, al que se le atribuyen propiedades para combatir el asma, estreñimiento, infecciones, enfermedades renales, úlceras o incluso trastornos relacionados con el sistema nervioso.

SUGERENCIA DE CONSUMO

Este exquisito smoothie es una versión de la sopa *Barszcz*, típica de los países del este de Europa (la original lleva remolacha en lugar de arándanos), que se consume desde hace siglos por sus propiedades tonificantes y reconstituyentes.

TENTACIÓN DE MELÓN

UNIDADES: 4 · TIEMPO DE ELABORACIÓN: 8 MINUTOS · DIFICULTAD: BAJA

INGREDIENTES

700 g de melón cantalupo

Un litro de leche

Hojitas de menta

VALOR ENERGÉTICO

Calorías: 202,25 kcal

Proteínas: 9,75 g

Grasas: 9,1 g

Hidratos de carbono: 20,875 g

elaboración

Pelamos, despepitamos y troceamos el melón, reservando unas rodajitas para decorar.

Trituramos el melón con la leche, hasta conseguir una mezcla espumosa. Repartimos en vasos individuales y decoramos con hojitas de menta. Servimos bien frío.

dato nutricional

Conviene conservar el melón dentro del frigorífico, en la parte menos fría. Una vez abierto, lo protegeremos y aislaremos en la nevera, pues el melón posee mucha facilidad para absorber los sabores y olores de otros alimentos.

SUGERENCIA DE CONSUMO

El melón al oporto es un delicioso plato de origen francés. Para su elaboración se utilizan los típicos melones franceses redonditos, tipo cantalupo. Una vez retiradas las pepitas del centro, se vierte en el hueco el vino de oporto y se come a cucharadas.

HELADOS,
FRÍA TENTACIÓN

¿QUIÉN PUEDE RESISTIRSE A LA TENTACIÓN DE UN SABROSO HELADO?
CONSIDERADOS UN MANJAR DE REYES, LOS HELADOS YA HACÍAN LAS
DELICIAS DE LOS ANTIGUOS GRIEGOS; EL MISMÍSIMO MARCO POLO SE
RINDIÓ ANTE SU SABOR, Y SUSPIRABAN POR ELLOS LAS DAMAS DEL
RENACIMIENTO ITALIANO.

AL RICO POLO

UNIDADES: 4 · TIEMPO DE ELABORACIÓN: 5 MINUTOS · DIFICULTAD: BAJA

INGREDIENTES

PARA LOS POLOS DE NARANJA:

500 ml de zumo de naranja

100 g de azúcar

$^1/_2$ cucharadita de colorante alimentario

PARA LOS POLOS DE FRESA:

500 g de fresas

Zumo de medio limón

100 g de azúcar

1 ¼ taza de agua hervida

VALOR ENERGÉTICO

Calorías: 154,75 kcal (polo de naranja); 124,05 kcal (polo de fresa)

Proteínas: 0 g (polo de naranja y de fresa)

Grasas: 0 g (polo de naranja y de fresa)

Hidratos de carbono: 38,9 g (polo de naranja); 30,9 g (polo de fresa)

elaboración

Para preparar los polos de naranja, en un bol mezclamos todos los ingredientes hasta que estén bien diluidos. Después, vertemos en los moldes para polos y guardamos en el congelador durante 3-4 horas.

Para los polos de fresa, lavamos las fresas y les quitamos las hojitas y el pedúnculo. Licuamos junto con el zumo de limón, el azúcar y el agua. Vertemos en los moldes y guardamos en el congelador durante 3-4 horas.

dato nutricional

Los helados de hielo industriales, conocidos popularmente como «polos», tienen poco valor nutritivo, pero si los elaboramos en casa con zumos de fruta, su valor nutritivo será mucho más alto y, al mismo tiempo, también controlaremos las calorías de más.

SUGERENCIA DE CONSUMO

Si no disponemos de los moldes para polos helados (en la tapa llevan los palitos), podemos utilizar las cubiteras del congelador colocando un palillo en cada una o partiendo en dos o tres trozos los pinchos que se emplean para las brochetas.

ANTOJOS DE AFRODITA

UNIDADES: 4 · TIEMPO DE ELABORACIÓN: 15 MINUTOS · DIFICULTAD: MEDIA

INGREDIENTES

200 g de grosellas

Una naranja grande (zumo y ralladura)

3 cucharadas de azúcar glas

250 g de queso mascarpone

200 ml de nata para montar

Grosellas para decorar

Hojitas de menta

VALOR ENERGÉTICO

Calorías: 582,5 kcal

Proteínas: 12,5 g

Grasas: 53,21 g

Hidratos de carbono: 21,15 g

elaboración

Lavamos las grosellas y las echamos en el vaso de la batidora junto con el zumo y la ralladura de naranja, el azúcar glas y el mascarpone. Trituramos hasta que quede una textura parecida a la de la papilla.

Ponemos la mezcla en un bol y añadimos la nata montada con movimientos envolventes. Vertemos en un recipiente y guardamos en el congelador durante 4 horas con la tapadera quitada. Disponemos el helado en copas y decoramos con grosellas y hojitas de menta.

dato nutricional

El mascarpone, originario de Lombardía (Italia), es un queso fresco elaborado con crema de leche, nata y ácido cítrico o ácido acético. De pasta blanda y muy cremoso, su sabor es dulce y ligeramente ácido. Aunque es un queso muy calórico (500 calorías por cada 100 g), también es muy rico en vitaminas del grupo B, calcio, fósforo y potasio.

SUGERENCIA DE CONSUMO

Como no es fácil encontrar las grosellas frescas durante todo el año, lo mejor es que utilicemos grosellas congeladas, que además son más baratas. Y si nos resulta difícil montar la nata, podemos comprar una tarrina de nata ya montada.

Conviene que antes de comenzar a elaborar la receta, se saque el mascarpone de la nevera para que no esté excesivamente duro.

BOCADOS MULTICOLORES

UNIDADES: 4 · TIEMPO DE ELABORACIÓN: 15 MINUTOS · DIFICULTAD: MEDIA

INGREDIENTES

1 kg de frutas peladas: frambuesas,
mango, kiwi, melocotón, melón…
Zumo de 2 naranjas
Zumo de un limón
800 g de azúcar molida
400 g de crema de leche
Barquillos de colores

VALOR ENERGÉTICO

Calorías: 336 kcal (si elegimos kiwi para
elaborar los helados)
Proteínas: 3,13 g
Grasas: 10,50 g
Hidratos de carbono: 39 g

elaboración

Trituramos la fruta hasta obtener un puré
espeso. Echamos en un bol, agregamos el
zumo de naranja y de limón y el azúcar,
mezclamos bien y vertemos en la heladera y
guardamos en el frigorífico durante 3-4 horas.
Batimos la crema de leche hasta espesarla y la
mezclamos con la preparación anterior.
Vertemos de nuevo en el recipiente y volvemos
a guardar en el congelador hasta minutos antes
de servirlo. Formamos unas bolas con el helado
y servimos en copas junto con los barquillos.

dato nutricional

Al ser un producto lácteo, el helado posee un alto
poder nutritivo: contiene un 14% más de proteínas
y cuatro veces más carbohidratos que la leche. Y
no engorda tanto como se cree: su valor energético
es medio (entre 150 y 300 calorías por cada
100 g), aunque depende mucho de los
ingredientes que se utilicen para su elaboración.

SUGERENCIA DE CONSUMO

Debido a su colorido, este postre es idóneo para fiestas y celebraciones. Si queremos que este
delicioso postre sea aún más exquisito, podemos servir el helado acompañado con coulis de chocolate
caliente y nata montada. ¡El resultado es espectacular!

CHISPAS CRUJIENTES

UNIDADES: 4 · TIEMPO DE ELABORACIÓN: 20 MINUTOS + TIEMPO DE

CONGELACIÓN · DIFICULTAD: MEDIA

INGREDIENTES

8 galletas cookies

4 yemas de huevo

35 cl de leche condensada

3 cucharadas de agua de azahar

50 cl de nata líquida bien fría

Cacao en polvo

Hojitas de menta o hierbabuena

VALOR ENERGÉTICO

Calorías: 195,575 kcal

Proteínas: 7,685 g

Grasas: 11,44 g

Hidratos de carbono: 18,21 g

elaboración

Troceamos las cookies con las manos. En un cuenco grande, batimos las yemas de huevo. Agregamos la leche condensada, el agua de azahar y las cookies troceadas.

Montamos la nata muy fría e incorporamos con cuidado a la mezcla anterior. Vertemos en la sorbetera o trabajamos manualmente el helado.

Antes de servir helado, espolvoreamos con cacao en polvo y decoramos con unas hojitas de hierbabuena o menta.

dato nutricional

Además de ser un potente antioxidante, el chocolate negro (presente en las cookies) contiene flavonoides, buenísimos para el corazón. Sin embargo, hay que tomarlo con moderación. No es necesario comer más de 50 g de chocolate negro al día para sacar provecho de sus beneficios.

SUGERENCIA DE CONSUMO

El helado se puede hacer de dos formas: con la ayuda de una máquina (turbinas para helado o sorbeteras) o manualmente, utilizando el congelador.

CIELO DE MEDIA TARDE

UNIDADES: 4 · TIEMPO DE ELABORACIÓN: 12 MINUTOS · DIFICULTAD: BAJA

INGREDIENTES

8 paraguayas

2 bandejas de cubitos de hielo

100 g de azúcar glas

Un limón

Hojitas de hierbabuena

VALOR ENERGÉTICO

Calorías: 174 kcal

Proteínas: 1,625 g

Grasas: 0 g

Hidratos de carbono: 41,875 g

elaboración

Pelamos las paraguayas, les quitamos el hueso y troceamos. Pelamos el limón, eliminando toda la parte blanca y retiramos también las pepitas. Troceamos todo.

En un cuenco echamos todos los ingredientes y trituramos con la batidora o el robot. Repartimos la mezcla en copas, decoramos con hojitas de hierbabuena y servimos inmediatamente.

dato nutricional

Las paraguayas (una variante del melocotón), al igual que sus hermanas las nectarinas, son ricas en carotenos, vitaminas y sales minerales. Tienen propiedades anticancerígenas y antioxidantes.

SUGERENCIA DE CONSUMO

También podemos preparar un delicioso batido de paraguayas. Para ello debes triturar 500 g de paraguayas (peladas, sin hueso y troceadas) junto con 250 ml de leche, dos yogures naturales y 100 g de azúcar.

DELICATESEN DE ARÁNDANOS Y GRANADA

UNIDADES: 4 · TIEMPO DE ELABORACIÓN: 5 MINUTOS · DIFICULTAD: BAJA

INGREDIENTES

200 g de yogur griego

350 g de arándanos

250 ml de zumo de granada

VALOR ENERGÉTICO

Calorías: 122,75 kcal

Proteínas: 3,25 g

Grasas: 3,2 g

Hidratos de carbono: 20,3 g

elaboración

Echamos todos los ingredientes en un cuenco y trituramos con la batidora hasta obtener una crema muy fina. Colamos si es necesario.

Vertemos la mezcla en moldes especiales para polos y fijamos el palo de madera o de plástico para los helados. Metemos en el congelador hasta que se congelen.

dato nutricional

El zumo de granada destaca por su contenido en polifenoles antioxidantes, taninos astringentes y antocianos, un tipo de pigmento (también antioxidante) que colorea la pulpa de la granada y le da el tono característico.

SUGERENCIA DE CONSUMO

Podemos elaborar el yogur griego casero con leche entera y nata. El resultado de esta receta es un refrescante y ligero helado para degustar entre horas o como postre.

DÚO DE CHOCOLATE Y FRESA

UNIDADES: 4 · TIEMPO DE ELABORACIÓN: 25 MINUTOS · DIFICULTAD: MEDIA

INGREDIENTES

275 g de chocolate negro • 4 galletas • 100 ml de nata líquida •
500 ml de leche • 2 yemas de huevo •
5 cucharadas de mermelada de fresa

VALOR ENERGÉTICO

Calorías: 715 kcal • Proteínas: 9,8 g •
Grasas: 35,95 g • Hidratos de carbono: 88 g

elaboración

Partimos el chocolate y troceamos las galletas. En un cazo, calentamos la nata y la leche a fuego medio hasta que empiece a hervir. Retiramos del fuego y reservamos. En un bol grande, batimos las yemas con el azúcar, hasta que queden espumosas. Vertemos la leche en el bol de las yemas y removemos. Volvemos a poner a fuego fuerte y cuando empiece a hervir lo bajamos, removiendo hasta que espese.

Retiramos del fuego y añadimos el chocolate, removiendo hasta que esté totalmente disuelto. Vertemos en un recipiente y lo introducimos en el frigorífico hasta que esté bien frío. Cuando empiece a congelarse, añadimos las galletas, mezclamos bien y, a continuación, añadimos mermelada. Volvemos a mezclar e introducimos de nuevo en el congelador. Formamos bolas con el helado y servimos en cuencos individuales.

SUGERENCIA DE CONSUMO

La mermelada de fresa es un alimento ideal para consumir en desayunos y meriendas, así como para acompañar postres, elaborar helados o incluso para preparar recetas a base de carne. También es perfecta para tomar con yogur, tortitas y queso de cabra, foie... ¡Tiene mil posibilidades!

dato nutricional

Pese a que tienen fama de ser alimentos muy calóricos, lo cierto es que por cada 20 g, como mucho, se ingieren 50 calorías (cantidad inferior a la que aportan tres terrones de azúcar), en el caso de las confituras, y 35 calorías en las mermeladas.

EXQUISITAS GROSELLAS

UNIDADES: 4 · TIEMPO DE ELABORACIÓN: 30 MINUTOS · DIFICULTAD: MEDIA

INGREDIENTES

425 ml de leche

Una vaina de vainilla

4 yemas de huevo

250 g de azúcar

225 g de grosellas negras frescas, sin el rabillo, y unas cuantas más para adornar

6 cucharadas de agua

425 ml de nata para montar

Hojitas de menta

VALOR ENERGÉTICO

Calorías: 703,8 kcal

Proteínas: 8,36 g

Grasas: 41,1 g

Hidratos de carbono: 75,11 g

elaboración

Cocemos la leche con la vaina de vainilla. Retiramos del fuego, dejamos reposar durante 10 minutos y sacamos la vainilla. Batimos las yemas con 115 g de azúcar. Añadimos, poco a poco, la leche, removiendo continuamente. Colamos la crema y cocemos, a fuego lento, de 10 a 15 minutos, sin dejar de remover. Retiramos del fuego y dejamos enfriar al menos una hora, removiendo de vez en cuando. Ponemos las grosellas en un cazo con el resto del azúcar y el agua y calentamos, removiendo hasta disolver el azúcar. Cocemos a fuego lento hasta que las grosellas estén blandas. Las tamizamos y dejamos enfriar.

Montamos la nata, mezclamos con la crema y congelamos en la heladora. Justo antes de que se congele, extendemos la mitad en un recipiente para el congelador y, por encima, la mitad del puré de grosellas; repetimos las capas. Volvemos a meter en el congelador. Formamos unas bolas con el helado y servimos en cuencos individuales junto con unas grosellas y unas hojitas de menta.

dato nutricional

Originarias de Europa Central y Septentrional, y Asia Septentrional, las grosellas son frutas silvestres dulces, sabrosas y muy perfumadas. Con ellas podemos preparar helados, salsas, mermeladas, confituras, compotas, jaleas, zumos, batidos, licores…

Es necesario sacar el helado del congelador y meterlo en el frigorífico un rato antes de ir a comerlo para que tenga la textura adecuada. Alrededor de 20 minutos si está en un recipiente grande o 10 minutos si se trata de porciones individuales.

FANTASÍA DE PLÁTANO

UNIDADES: 4 · TIEMPO DE ELABORACIÓN: 20 MINUTOS · DIFICULTAD: BAJA

INGREDIENTES

4 plátanos

Zumo de ½ limón

10 avellanas

200 g de chocolate negro

4 bolas de helado de vainilla

4 bolas de helado de fresa

4 cucharadas de jarabe de arce

Nata montada

VALOR ENERGÉTICO

Calorías: 626 kcal

Proteínas: 7,675 g

Grasas: 26,3 g

Hidratos de carbono: 89,55 g

elaboración

Pelamos los plátanos y los partimos en dos en sentido longitudinal. Regamos con el zumo de limón para evitar que ennegrezcan y repartimos en cuatro platos. Machacamos en el mortero las avellanas y reservamos.

Partimos en trocitos el chocolate y fundimos al baño María lentamente. Ponemos una bola de helado de vainilla y otra de fresa en cada plátano. Cubrimos con jarabe de arce y chocolate fundido. Por último, esparcimos por encima las avellanas troceadas y servimos con nata montada bien fría.

SUGERENCIA DE CONSUMO

En vez de jarabe de arce podemos utilizar sirope de caramelo, aunque el sirope de arce es muy recomendable porque es muy depurativo. También es perfecto para acompañar *crêpes* y gofres.

dato nutricional

Como tienen un alto contenido en ácidos grasos monoinsaturados, las avellanas previenen enfermedades cardiovasculares y ayudan a reducir los niveles de colesterol. Pero como su aporte calórico es muy elevado (650 kcal por cada 100 g), hay que consumirlas con moderación.

FLORES DE FRAMBUESAS Y NATA

UNIDADES: 4 · TIEMPO DE ELABORACIÓN: 12 MINUTOS · DIFICULTAD: MEDIA

INGREDIENTES

3 claras de huevo

400 g de nata montada

6 cucharadas de azúcar

250 g de frambuesas

VALOR ENERGÉTICO

Calorías: 475,5 kcal

Proteínas: 6,3 g

Grasas: 30 g

Hidratos de carbono: 44,5 g

elaboración

Mezclamos las claras montadas y azucaradas con mucho cuidado con la nata montada. Vertemos en la heladora o en un molde de metal humedecido y ya enfriado en el congelador. Comprobamos la congelación cada media hora o menos según la rapidez de enfriamiento, removiendo con cuidado una o dos veces.

Sacamos del congelador y dejamos que se reblandezca un poco en el frigorífico. Mezclamos con las frambuesas y repartimos en copas altas.

dato nutricional

La nata que se emplea para montar debe tener un porcentaje de un 30% de grasa o más.

SUGERENCIA DE CONSUMO

La nata se debe mantener a una temperatura de entre 5 ºC y 10 ºC para que no se altere. Un buen truco es colocarla en un bol de vidrio o acero inoxidable y este dentro de otro más grande que contenga agua con hielo.

FUSIÓN MÁGICA

UNIDADES: 4 · TIEMPO DE ELABORACIÓN: 25 MINUTOS · DIFICULTAD: MEDIA

INGREDIENTES

6 yemas de huevo

120 g de azúcar

Una cucharadita de fécula de maíz

450 ml de leche

130 g de chocolate negro rallado

130 g de chocolate blanco rallado

100 g de frambuesas

400 ml de nata líquida

Esencia de vainilla

Hojas de menta

VALOR ENERGÉTICO

Calorías: 775,5 kcal

Proteínas: 11,86 g

Grasas: 52,31 g

Hidratos de carbono: 65,21 g

elaboración

Batimos las yemas con el azúcar y la fécula. Calentamos la leche y, cuando comience a hervir, vertemos las yemas batidas sin dejar de remover. Cocemos hasta que la mezcla espese. Repartimos en tres cuencos. En el primero agregamos el chocolate negro rallado y dejamos que se funda. En el segundo, hacemos lo mismo con el chocolate blanco; y en el tercero, incorporamos las frambuesas machacadas. Dejamos enfriar las tres cremas y guardamos en el frigorífico.

Montamos la nata con la esencia de vainilla, repartimos entre los tres cuencos y mezclamos con cuidado. Batimos por separado en la sorbetera y, cuando hayan espesado, disponemos en capas en una misma fuente. Cubrimos con film y congelamos durante 12 horas. Sacamos el helado 20 minutos antes de servirlo, partimos en rodajas y decoramos con hojas de menta.

SUGERENCIA DE CONSUMO

El helado se puede cortar en láminas, más o menos gruesas, como el clásico mantecado, o bien presentarse en forma de bolas regulares, modeladas con una cuchara especial para helados que previamente habremos introducido en agua caliente.

dato nutricional

Estrictamente, el chocolate blanco no se trata de chocolate como tal, pues carece en su composición de la pasta de cacao. Está elaborado con manteca de cacao (por lo menos, el 20%), leche (en polvo o condensada) y azúcar. Es muy energético y dulce.

GOLOSINAS HELADAS

UNIDADES: 4 · TIEMPO DE ELABORACIÓN: 12 MINUTOS · DIFICULTAD: BAJA

INGREDIENTES

Zumo de una naranja

Una copita de oporto

200 g de azúcar

150 g de fresones

150 g de moras

150 g de grosellas

4 bolas de helado de frambuesas

Un vaso de nata líquida

Hojas de menta

VALOR ENERGÉTICO

Calorías: 603,75 kcal

Proteínas: 5,51 g

Grasas: 23,75 g

Hidratos de carbono: 84,7 g

elaboración

Mezclamos el zumo de naranja con el oporto y el azúcar. Añadimos los fresones, las moras y las grosellas (reservando algunas piezas para decorar), y dejamos macerar durante una hora. Trituramos la mezcla, pasamos por un colador fino para eliminar las semillas y mezclamos con la nata líquida. Ponemos una bola de helado en cada copa, vertemos por encima la crema y decoramos con las frutas que habíamos reservado y unas hojitas de menta.

dato nutricional

El vino de Oporto, conocido popularmente como oporto o Port, pertenece al género de vinos conocido como «vinos fortificados», que nacieron en los siglos XVI y XVII, como producto de la adición de brandy al vino cuando está en proceso de fermentación. Se caracteriza por su gran intensidad aromática, la presencia del alcohol, su dulzura y contenido en taninos.

SUGERENCIA DE CONSUMO

En los sorbetes y granizados, unas rodajas de fruta fresca o unas hojas de menta o cilantro acentuarán su sabor y colorido, pues es una refrescante combinación de colores y el sabor de la menta es perfecto para el toque ácido de la menta.

IRRESISTIBLE TENTACIÓN

UNIDADES: 6 · TIEMPO DE ELABORACIÓN: 55 MINUTOS · DIFICULTAD: MEDIA

INGREDIENTES

4 huevos

100 g de azúcar

300 ml de leche

450 g de albaricoques

Zumo de ½ limón

Esencia de vainilla

150 ml de nata montada

Hojitas de menta

VALOR ENERGÉTICO

Calorías: 369,5 kcal

Proteínas: 11,4 g

Grasas: 18,875 g

Hidratos de carbono: 38,56 g

elaboración

Batimos las yemas con 75 g de azúcar e incorporamos la leche, poco a poco. Mezclamos bien y cocemos al baño María, removiendo continuamente hasta que la crema espese un poco. Dejamos enfriar. Cortamos los albaricoques por la mitad, deshuesamos y los ponemos en un cazo con el resto del azúcar y el zumo de limón. Cubrimos con agua y cocemos hasta que estén tiernos. Escurrimos y reservamos el almíbar de la cocción. Reducimos la pulpa a puré. Completamos con el almíbar reservado hasta obtener 600 ml. Dejamos enfriar.

Mezclamos la crema con el puré de albaricoque y unas gotas de esencia de vainilla. Incorporamos la nata montada y vertemos en una bandeja llana. Introducimos en el congelador. Transcurridas un par de horas, lo sacamos y batimos con unas varillas. Añadimos las claras montadas a punto de nieve y volvemos a congelar. Unos 30 minutos antes de servir, lo ponemos en el frigorífico para que se ablande. Formamos bolas, decoramos con la menta y servimos en cuencos individuales.

SUGERENCIA DE CONSUMO

Los helados hechos a partir de un preparado similar a las natillas deben meterse al menos durante una hora en el congelador después de su preparación en la sorbetera para darles mayor consistencia. Además de con hojas de menta, este helado se puede decorar con frutas del bosque.

dato nutricional

El albaricoque, también conocido como damasco o albérchigo, tiene la carne jugosa, firme y con un delicioso sabor dulce. Los más dulces y jugosos se pueden encontrar desde finales de la primavera hasta finales del verano.

MOCA SENSACIÓN

UNIDADES: 4 · TIEMPO DE ELABORACIÓN: 20 MINUTOS · DIFICULTAD: MEDIA

INGREDIENTES

$^3/_4$ de litro de leche

2 cucharaditas de café instantáneo

Una copa de ron

5 yemas de huevo

200 g de azúcar

½ cucharada de gelatina en polvo sin sabor

Fresas y pepitas de café para decorar

Hojas de menta

VALOR ENERGÉTICO

Calorías: 422,5 kcal

Proteínas: 9,125 g

Grasas: 13,44 g

Hidratos de carbono: 58,44 g

elaboración

Ponemos a cocer la leche y, cuando hierva, agregamos el café y el ron, batiendo hasta que se disuelva. Echamos en un recipiente. Batimos las yemas con el azúcar, agregamos la leche y mezclamos bien. Disolvemos la gelatina en un poco de agua y agregamos a la mezcla anterior. Vertemos en un recipiente de aluminio e introducimos en el congelador. Cuando comience a cuajarse, batimos el helado, repitiendo la operación de tres a cinco veces hasta que cuaje perfectamente. Repartimos en copas y decoramos con las fresas, las pepitas de café y las hojas de menta.

dato nutricional

El café liofilizado es un café 100% soluble e instantáneo muy fácil de preparar, ya que con solo agregar agua los gránulos se convierten en un café excelente. De 1 kg de café liofilizado se obtienen de 360 a 390 tazas.

SUGERENCIA DE CONSUMO

Como los helados son un postre especial que no ingerimos todos los días, debemos darle importancia a su presentación. Se pueden presentar sobre gofres, tal como lo hacían los primeros emigrantes italianos llegados a Estados Unidos, o en copas, cuencos, vasos y platitos, que le dará un toque más exquisito.

NIDOS DE VAINILLA Y GROSELLAS

UNIDADES: 4 · TIEMPO DE ELABORACIÓN: 30 MINUTOS · DIFICULTAD: MEDIA

INGREDIENTES

PARA EL HELADO DE VAINILLA:

750 ml de leche

Una vaina de vainilla

4 yemas de huevo

75 g de azúcar

200 ml de nata montada

PARA EL SORBETE DE GROSELLAS:

½ litro de vino tinto

250 g de grosellas

200 g de azúcar

VALOR ENERGÉTICO

Calorías: 598,75 kcal

Proteínas: 4,475 g

Grasas: 21,16 g

Hidratos de carbono: 76,6 g

elaboración

Para elaborar el helado de vainilla, cocemos la leche con la vainilla. Mientras, batimos las yemas de huevo con el azúcar y, cuando hayan adquirido un color blanquecino, las vertemos sobre la leche avainillada. Ponemos al fuego y cocemos hasta que espese. Retiramos, dejamos templar y añadimos la nata. Dejamos enfriar y ponemos a helar en la sorbetera.

Para preparar el sorbete de grosellas ponemos a cocer el vino con las grosellas y el azúcar, hasta que se haya disuelto. Entonces dejamos que hierva un minuto y ponemos a enfriar. Trituramos con la batidora y colamos. Trabajamos la mezcla con la sorbetera o de forma manual.

dato nutricional

El gusto de la vainilla puede variar según el país de origen, el proceso de cultivación, la madurez en el momento de la cosecha y el proceso de secado y curación utilizados.

SUGERENCIA DE CONSUMO

A este helado también le podemos añadir unas nueces de macadamia picadas, que añadiremos a la crema antes de introducirlo en el congelador.

PASIÓN POR EL HELADO

UNIDADES: 4 · TIEMPO DE ELABORACIÓN: 25 MINUTOS · DIFICULTAD: MEDIA

INGREDIENTES

PARA EL HELADO DE PISTACHOS:

125 g de pistachos, sin cáscara ni piel

Un litro de leche

4 yemas de huevo

250 g de azúcar

Colorante alimentario verde

PARA EL HELADO DE FRESA:

250 g de fresas

100 g de azúcar

3 yemas de huevo

250 ml. de leche

¼ de cucharadita de sal

500 ml de nata

Una cucharadita de esencia de vainilla

PARA EL HELADO DE VAINILLA:

Una vaina de vainilla

750 ml de leche

200 ml de nata montada

4 yemas de huevo

75 g de azúcar

PARA EL HELADO DE MELOCOTÓN:

4 melocotones amarillos

300 g de leche condensada

2 cucharadas de zumo de limón

2 cucharadas de licor de melocotón

300 g de nata para montada

elaboración

Para el helado de pistachos, picamos estos hasta que quede una pasta fina. Agregamos a la leche hervida y maceramos durante una hora. Vertemos sobre las yemas batidas con el azúcar y cocemos hasta que espese. Retiramos del fuego, añadimos el colorante verde, dejamos enfriar y metemos en el congelador.

Para el helado de fresas, las trituramos con la mitad del azúcar. En una cacerola cocemos las yemas con la leche, la sal y el resto del azúcar, sin dejar de remover y evitando que hierva. Vertemos en un recipiente e introducimos en el frigorífico 3 horas, removiendo de vez en cuando. Agregamos la nata y la vainilla, mezclamos y añadimos el puré de fresa. Vertemos en la heladora.

El helado del vainilla lo preparamos como se explica en la receta anterior. Y para hacer el de melocotón, trituramos estos con la leche condensada, el licor y el zumo de limón. Añadimos la nata montada y vertemos en la heladera o en un recipiente en el congelador.

SUGERENCIA DE CONSUMO

Si queremos darle más sabor al helado podemos bañarlo con salsa de chocolate o coulis de frambuesa, fresa, higo o naranja. Se puede decorar con sirope de chocolate o caramelo y unas hojitas de menta.

dato nutricional

El alto contenido en ácidos grasos poliinsaturados, monoinsaturados y ácido oleico de los pistachos contribuye a bajar el colesterol, por lo que es un postre muy apropiado para aquellas personas que lo tengan alto.

PEQUEÑOS CAPRICHOS

UNIDADES: 4 · TIEMPO DE ELABORACIÓN: 25 MINUTOS · DIFICULTAD: MEDIA

INGREDIENTES

100 g de azúcar

150 g de anacardos

Una vaina de vainilla

3 huevos

250 ml de nata espesa

Una pizca de sal

Confeti, barquillos y cerezas confitadas para decorar

VALOR ENERGÉTICO

Calorías: 565,75 kcal

Proteínas: 14 g

Grasas: 40,5 g

Hidratos de carbono: 36,31 g

elaboración

Preparamos un caramelo rubio cociendo el azúcar con 30 ml de agua, sin dejar de remover. Añadimos los anacardos pelados, vertemos sobre papel de horno y dejamos enfriar. Trituramos hasta hacerlos polvo. Extraemos los granos de la vainilla y mezclamos con las yemas y los anacardos caramelizados. Agregamos la nata.

Montamos las claras a punto de nieve con una pizca de sal e incorporamos a la mezcla anterior. Vertemos en un recipiente y guardamos en el congelador durante unas 4 horas. Formamos bolas con el helado, ponemos en copas y servimos con el confeti, los barquillos y las cerezas confitadas.

dato nutricional

El anacardo es una valiosa fuente de vitamina B, especialmente B1, B2 y B5. Además, es rico en minerales, sobre todo en potasio, calcio, hierro y fósforo.

SUGERENCIA DE CONSUMO

Como cualquier fruto seco, dada su completa composición, es ideal tomar el anacardo como complemento de una comida ligera, como tentempié o incluso como merienda. Los anacardos son magníficos tanto para recetas de postres como para platos salados.

POPURRI DE SABORES

UNIDADES: 4 · TIEMPO DE ELABORACIÓN: 15 MINUTOS · DIFICULTAD: MEDIA

INGREDIENTES

2 limones

4 yogures naturales

120 g de azúcar

Un sobre de azúcar avainillado

4 cucharadas de nata líquida

Frambuesas, grosellas y arándanos para decorar

VALOR ENERGÉTICO

Calorías: 272,8 kcal

Proteínas: 5,7 g

Grasas: 4,5 g

Hidratos de carbono: 52,25 g

elaboración

Lavamos los limones y rallamos su piel. Echamos los yogures en un bol y mezclamos con los dos tipos de azúcar y la ralladura de limón. Montamos la nata e incorporamos a la mezcla anterior. Mezclamos con cuidado y vertemos en la sorbetera o lo introducimos en un recipiente en el congelador y lo preparamos manualmente.

Repartimos las bolas de helado en copas y servimos adornadas con frambuesas, grosellas y arándanos.

dato nutricional

El limón ocupa un primer lugar dentro los frutos curativos, preventivos y de aporte vitamínico, lo que lo convierte en un gran eliminador de toxinas y un poderoso bactericida. Es un fruto que podríamos definir como medicinal ya que actúa como curativo en más de 150 enfermedades.

CONSEJO

Este helado también queda exquisito preparándolo con yogures tipo griego, en vez de los normales, y virtiendo salsa de chocolate caliente por encima para endulzarla más todavía. También es idóneo para acompañar porciones de tarta.

SUGERENCIA DE CONSUMO

Se puede decorar con frutos del bosque (como se ha hecho en este caso), sirope u otras frutas troceadas según sean nuestras preferencias culinarias.

PRALINÉ DE CHOCOLATE Y NATA

UNIDADES: 4 · TIEMPO DE ELABORACIÓN: 20 MINUTOS · DIFICULTAD: MEDIA

INGREDIENTES

3 claras de huevo

6 cucharadas de azúcar

400 g de nata montada

PARA LA COBERTURA DE CHOCOLATE:

Una cucharadita de gelatina sin sabor

300 g de dulce de leche

200 g de chocolate cobertura

$^1/_3$ de taza de crema de leche o nata

PARA DECORAR:

Frambuesas, fresitas, cerezas y hojitas de menta

VALOR ENERGÉTICO

Calorías: 843,2 kcal

Proteínas: 13,44 g

Grasas: 48,99 g

Hidratos de carbono: 90 g

elaboración

Montamos las claras con el azúcar y la nata y vertemos en la sorbetera o preparamos manualmente el helado. Para preparar la cobertura de chocolate, hidratamos la gelatina en siete cucharaditas de agua fría. A continuación, en un cazo ponemos el dulce de leche, agregamos el chocolate picado, la crema de leche y la gelatina hidratada, y mezclamos bien.

Formamos las bolas de helado, introducimos en la cobertura de chocolate y dejamos que esta solidifique. Partimos las bolas por la mitad y decoramos con la fruta y la menta.

dato nutricional

Un chocolate de cobertura de buena calidad tiene que contener un promedio de 55 o 60% de manteca de cacao.

SUGERENCIA DE CONSUMO

Si queremos hacer virutas de chocolate, extendemos la cobertura sobre una superficie lisa (mármol, acero inoxidable o papel de horno) con la ayuda de una espátula de pastelería del grosor más fino posible, dejamos enfriar y con la espátula rascamos el chocolate sacando virutas.

PURO PLACER

UNIDADES: 4 · TIEMPO DE ELABORACIÓN:
25 MINUTOS · DIFICULTAD: MEDIA

INGREDIENTES

400 ml de leche

200 ml de nata espesa

50 g de leche en polvo

Una ramita de canela

5 yemas de huevo

200 g de azúcar

20 g de azúcar invertido

Barquillos o galletas para helados

VALOR ENERGÉTICO

Calorías: 563,25 kcal

Proteínas: 10,575 g

Grasas: 28,625 g

Hidratos de carbono: 65,75 g

elaboración

En un bol mezclamos la leche y la nata y, sin dejar de remover, vamos incorporando la leche en polvo. Ponemos a calentar con la rama de canela dentro. Batimos las yemas con el azúcar hasta que estén esponjosas, incorporamos el azúcar invertido (combinación de glucosa y fructosa) y, poco a poco, añadimos la mezcla de leche y nata preparada, batiendo continuamente. Poner al fuego, sin que llegue a hervir.

Retiramos del fuego y guardamos en el frigorífico unas 12 horas. Vertemos en la heladera, dejándolo el tiempo necesario para que doble el volumen. Partimos en lonchas gruesas y servimos con los barquillos, en forma de mantecados o sándwiches.

dato nutricional

Una yema de huevo aporta 60 calorías y contiene grasas saludables. La intensidad de su color depende del alimento que consuma la gallina.

SUGERENCIA DE CONSUMO

A este helado básico podemos añadirle frutos secos, frambuesas o cualquier tipo de fruta que nos apetezca. Se puede elaborar con tantos ingredientes como podamos imaginar.

QUITAPENAS ESQUIMAL

UNIDADES: 4 · TIEMPO DE ELABORACIÓN: 25 MINUTOS · DIFICULTAD: MEDIA

INGREDIENTES
150 g de chocolate blanco • 150 ml de leche •
60 g de azúcar glas • 300 ml de nata •
Canela en polvo

VALOR ENERGÉTICO
Calorías: 498,75 kcal • Proteínas: 4,95 g •
Grasas: 34,7 g • Hidratos de carbono: 41,81 g

elaboración

En un cazo, calentamos el chocolate blanco troceado
con la mitad de la leche a fuego lento, removiendo
hasta que se funda. Retiramos del fuego y reservamos.
En otro cazo, calentamos a fuego suave la otra mitad
de la leche y el azúcar glas, hasta que se disuelva.
Dejamos reposar y mezclamos con el chocolate.

Montamos la nata y agregamos a la mezcla de
chocolate blanco. Vertemos en la heladera o
preparamos manualmente echándolo en un
recipiente y guardándolo en el congelador unas
4 horas o hasta que se endurezca.

Formamos bolas con el helado, ponemos en copas
individuales y espolvoreamos la canela por encima.

dato nutricional

Elaborado con azúcar, manteca de cacao y leche, el
chocolate blanco fue introducido por primera vez en Suiza
unos pocos años después de la Primera Guerra Mundial.

SUGERENCIA DE CONSUMO

Este exquisito helado también podemos bañarlo con sirope de caramelo en lugar de espolvorearlo con canela porque quedará delicioso.

SÁNDWICH HELADO

UNIDADES: 4 · TIEMPO DE ELABORACIÓN: 10 MINUTOS · DIFICULTAD: BAJA

INGREDIENTES

4 yogures griegos

200 ml de nata

120 g de leche condensada

20 g de azúcar invertido

Barquillos de chocolate

VALOR ENERGÉTICO

Calorías: 350 kcal

Proteínas: 8 g

Grasas: 22 g

Hidratos de carbono: 29,55 g

elaboración

Echamos todos los ingredientes en un bol y mezclamos con la batidora eléctrica hasta obtener una crema fina.

Vertemos la crema en la heladera o preparamos manualmente echándolo en un recipiente y guardándolo en el congelador unas 4 horas o hasta que se endurezca.

Sacamos el helado 20 minutos antes de servirlo, cortamos en lonchas gruesas y lo servimos a modo de sándwich con los barquillos.

dato nutricional

El azúcar invertido (combinación de glucosa y fructosa) tiene las mismas propiedades de la miel, de modo que como no cristaliza, es ideal para endulzar el helado, porque se mantiene maleable y cremoso con una textura muy suave.

SUGERENCIA DE CONSUMO

Se cree que el sándwich helado fue inventado en Manhattan, Nueva York, y pronto adquirió la popularidad que tiene. A esta receta se le pueden añadir frutas del bosque y frutos secos, como nueces o pistachos. Constituye una merienda para una tarde veraniega.

SERENATA MERENGADA

UNIDADES: 4 · TIEMPO DE ELABORACIÓN: 25 MINUTOS · DIFICULTAD: MEDIA

INGREDIENTES

Un litro de leche

Una ramita de canela

La cáscara de un limón

4 claras de huevo

300 g de azúcar

Canela molida

Hojitas de menta

DATOS NUTRICIONALES

Calorías: 475 kcal

Proteínas: 13 g

Grasas: 8,75 g

Hidratos de carbono: 86,25 g

elaboración

Cocemos la leche con 250 g de azúcar, la ramita de canela y la piel de limón durante unos 5 minutos a fuego lento. Dejamos enfriar, colamos y reservamos.

Montamos las claras a punto de nieve con el resto del azúcar y añadimos con cuidado a la leche ya enfriada, mezclando con unas varillas. Vertemos en la heladera o en una bandeja metálica e introducimos en el congelador. Sacamos el helado 20 minutos antes de servirlo, repartimos en vasos, espolvoreamos con canela y decoramos con hojitas de menta.

dato nutricional

Esta receta está elaborada con leche y clara de huevo y endulzada con azúcar y aromatizada con canela. Normalmente, se sirve muy fría, de tal forma que parte de la bebida esté parcialmente congelada y con una textura muy similar a la nieve.

SUGERENCIA DE CONSUMO

También lo podemos servir semilíquido, como si fuese un sorbete. En ese caso, tendremos que batir el helado una vez que se haya solidificado. Dulce, nutritivo y refrescante, resulta perfecto para celebraciones y fiestas.

TULIPAS DE LIMÓN Y ANÍS

UNIDADES: 4 · TIEMPO DE ELABORACIÓN: 35 MINUTOS · DIFICULTAD: MEDIA

INGREDIENTES

4 limones • 150 ml de agua • 100 g de azúcar • 4 anises estrellados •
Colorante verde • Una cucharadita de vodka •
2 claras de huevo • Hojitas de menta o hierbabuena

DATOS NUTRICIONALES

Calorías: 144,25 kcal • Proteínas: 2,5 g •
Grasas: 0 g • Hidratos de carbono: 32 g

elaboración

Cortamos la parte superior de los limones, vaciamos y licuamos la pulpa.
Reservamos las cáscaras. Preparamos un almíbar con el agua y el azúcar. Cuando
el almíbar entre en ebullición, añadimos los anises estrellados y dejamos en
infusión hasta que se enfríe la mezcla. Agregamos el zumo de limón, filtramos y
ponemos unas gotas de colorante.

Trabajamos la mezcla en la sorbetera. Cuando comience a ponerse firme,
incorporamos el vodka y seguimos removiendo. Batimos un poco las claras y las
añadimos a la sorbetera. Seguimos trabajando el sorbete hasta que se puedan
formar bolas. Rellenamos los limones que habíamos vaciado, decoramos con la
menta y servimos inmediatamente.

dato nutricional

Cuando compremos limones, debemos elegir aquellos que sean de un color amarillo
intenso y tengan la cáscara firme, brillante y de textura fina. Cuando la cáscara es gruesa,
el limón tiene menos pulpa y menos jugo.

Para que los limones no se nos estropeen y antes de que se reblandezcan y adquieran un sabor amargo, podemos exprimirlos y congelar el zumo en recipientes de plástico. En el congelador, el zumo dura de dos a tres meses.

Términos usuales

Ablandar. Cocer lentamente las frutas en un líquido hasta que queden blandas, pero no doradas.

Abrillantar. Se abrillantan los postres y dulces, para darles más lucimiento con jarabes, dulces, jaleas, etc.

Acremar. Consiste en batir muy bien la mantequilla o margarina, hasta que tenga una consistencia cremosa y el color se ponga más claro.

Agar-agar. Alternativa vegetariana de algas a la gelatina.

Almíbar. Solución concentrada de agua y azúcar que se hierve hasta que se espesa. Según la temperatura alcanzada y el tiempo de cocción, recibe diferentes nombres o puntos inspirados en el comportamiento que asume el almíbar (punto de hilo, punto de bola, etc.).

Azúcar glas. Azúcar molido a tamaño de polvo al que se añade un 2% o 3% de almidón.

Azúcar invertido. Es un azúcar que se obtiene al dividir la sacarosa en sus dos partes, glucosa y fructosa, es decir que está constituido por fructosa y glucosa a partes totalmente iguales.

Baño María. Técnica para calentar lentamente un alimento, que consiste en colocar la cazuela que lo contiene dentro de otra mayor con agua hirviendo.

Baño María inverso. Bajar la temperatura de un alimento colocando el cazo que lo contiene dentro de otro mayor con hielo o agua helada. Se suele emplear para batir la nata y para templar el chocolate.

Batidora de globo. Tiene varios alambres curvados con un mango de madera o de metal.

Batidora eléctrica. Aligera el trabajo de montar huevos, nata… Hay que tener cuidado para no pasarse de punto de lo que se está batiendo.

Batidora en espiral. Tiene una espiral de alambre puesta alrededor de un ojo de alambre más grueso. Este tipo de batidora sirve para aligerar y abrillantar.

Batir. Mezclar enérgicamente, en un movimiento circular hacia arriba, usando un tenedor o un batidor, para que entre aire en el líquido o la masa que forman.

Biscuit. Helado hecho a base de unas natillas, a las que se incorporan claras de huevo montadas a punto de nieve, batidas con almíbar, antes de congelar.

Blanquear. Sumergir frutas frescas o frutos secos en agua hirviendo y a continuación en agua helada para desprender y retirar las pieles.

Boquilla. Cono de plástico o metal, con el vértice cortado en diferentes diseños, que se utiliza con la manga pastelera para dar forma a las cremas.

Brownie. Pastel hecho a base de nueces y chocolate. La consistencia es dura por fuera, pero blanda y esponjosa por dentro.

Caloría. Unidad de medida que indica el calor o energía que generan en el cuerpo los alimentos.

Caramelizar. Bañar en caramelo.

Caramelo. Azúcar tostado al fuego al que se añaden unas gotas de agua.

Chantilly o chantillí. Crema usada en pastelería hecha de nata batida.

Cinchar. Poner hielo picado alrededor de la sorbetera o molde para preparar helados.

Claras a punto de nieve. Con un batidor, montar las claras en un cuenco con un poco de sal hasta que aumenten de volumen y formen un pico firme y consistente, añadiendo azúcar si la receta lo requiere.

Cobertura. Baño que se da a tartas y pasteles, con chocolate o yema dura.

Confitar. Bañar frutas en azúcar, lustrar con clara de huevo y pasar por azúcar de nuevo.

Cornete. Manga o bolsa de tela de pequeño tamaño que se emplea para marcar pequeños motivos sobre piezas montadas de cocina (tipo *chaud-froid*) o para adornar pasteles.

Coulís. Puré de frutas tamizado mezclado con un agente endulzante y un poco de zumo de cítrico.

Crema pastelera. Crema de huevo que se emplea en pastelería para rellenar bollos y tartas.

Cuajar. Es la acción de dejar que un manjar espese hasta perder su estado líquido.

Cubrir. Tapar la superficie de un postre, por ejemplo con un glaseado.

Decorar. Adornar y embellecer una preparación culinaria.

Descorazonar. Retirar el corazón central de las frutas.

Enfriar. Colocar los alimentos en la nevera o en un baño de agua helada para enfriarlos o darles consistencia.

Esencia/extracto de vainilla. Productos derivados de la vainilla que proporcionan un sabor auténtico a vanilla sin tener que incluir la vaina.

Espolvorear. Cubrir un alimento con una capa ligera de un ingrediente en polvo.

Filtrar. Pasar un líquido a través de un tamiz, papel especial o estameña.

Fondant. Chocolate preparado para cobertura. Crema pastelera hecha con agua, limón y azúcar glas, que se utiliza para bañar tartas y pasteles.

Gelatina. Agente espesante que permite que los líquidos cuajen en forma de jalea. Se vende en polvo o en hojas.

Helar. Congelar una mezcla o ingrediente por medio de temperaturas inferiores a los cero grados.

Hervir. Cocer un alimento en un líquido a temperatura de ebullición.

Licuar. Convertir en líquido un alimento por fusión con calor o por trituración.

Lustrera. Utensilio de hojalata con orificios en la parte superior que se emplea para espolvorear.

Manga pastelera. Cono de tela o plástico en cuyo vértice truncado se coloca una boquilla. Se emplea para distribuir y dar forma decorativa a las cremas.

Merengue. Preparación hecha con clara de huevo batida a punto de nieve y azúcar. Suele aromatizarse con vainilla y, a menudo, se le añaden otros ingredientes como coco rallado, frutos secos, etc.

Montar. Batir enérgicamente una preparación hasta que espese. Es un término que suele emplearse para referirse a la nata y a las claras de huevo.

Mousse. Postre frío con una textura ligera y aérea. Se prepara generalmente con leche, huevos y azúcar batidos.

Parfait. Helado hecho con crema de vainilla y nata batida.

Punto de nieve. Es el punto de consistencia que adquieren las claras de huevo cuando se vuelven blancas.

Punto de pomada. Se denomina así a la mantequilla a temperatura ambiente o a las cremas que, tras batirlas, adquieren una textura suave y lustrosa.

Sabañón. Crema ligera hecha a base de yemas de huevo y vino o licor. En repostería se utiliza añadiéndole azúcar.

Americanismos

Albaricoque. Damasco, albarcoque, chabacano.

Almíbar. Jarabe de azúcar, agua dulce, sirope, miel de abeja.

Azúcar glas. Azúcar glacé.

Bizcocho. Biscocho, galleta, cauca.

Cereza. Capulín, capulí.

Chocolate. Cacao, soconusco.

Crema de leche. Flor de leche.

Frigorífico. Heladera.

Frambuesa. Mora.

Fresa. Frutilla.

Gelatina. Jaletina, granetina.

Hierbabuena. Hierbasana, hierbamenta, huacatay.

Huevo. Blanquillo.

Limón. Acitrón, bizuaga.

Mantecado. Nieve de chocolate. Helado.

Mantequilla. Manteca de grasa vacuna.

Manzana. Pero, perón.

Melocotón. Durazno.

Merengue. Besito.

Mora. Nato.

Nata. Crema, chantilly.

Nata líquida. Crema de leche sin batir.

Nuez. Coca.

Paraguaya. Paraguayo, chato.

Pasas. Uva pasa, uva.

Plátano. Banana, banano, cambur, pacoba.

Pomelo. Toronja, pamplemusa.

Zanahoria. Azanoria.

Zumo. Jugo.

Índice de recetas